641.5 Soeur Angèle
ANG. La cuisine joyeuse de
      Soeur Angèle.

la cuisine joyeuse de sœur Angèle

Couverture
- Photo:
  BERNARD PETIT
- Maquette:
  GAÉTAN FORCILLO

Maquette intérieure
- Conception graphique:
  JEAN-GUY FOURNIER

Remerciements à: Mme Henriette Grenier, réalisatrice de *Allô Boubou*.

Les photos intérieures proviennent du Centre des ressources didactiques de l'Institut de tourisme et d'hôtellerie du Québec.

DISTRIBUTEURS EXCLUSIFS:
- Pour le Canada:
  AGENCE DE DISTRIBUTION POPULAIRE INC.*
  955, rue Amherst, Montréal H2L 3K4 (tél.: 514-523-1182)
  *Filiale de Sogides Ltée
- Pour la France et l'Afrique:
  INTER-FORUM
  13, rue de la Glacière, 75013 Paris (tél.: 570-1180)
- Pour la Belgique, la Suisse, le Portugal, les pays de l'Est:
  S.A. VANDER
  Avenue des Volontaires 321, 1150 Bruxelles (tél.: 02-762-0662)

la cuisine joyeuse de sœur Angèle

LES ÉDITIONS DE L'HOMME*

CANADA: 955, rue Amherst, Montréal H2L 3K4

*Division de Sogides Ltée

© 1983 LES ÉDITIONS DE L'HOMME,
DIVISION DE SOGIDES LTÉE

Tous droits réservés

Bibliothèque nationale du Québec
Dépôt légal — 2e trimestre 1983

ISBN 2-7619-0279-3

PRÉFACE

Avec la publication de *La cuisine joyeuse de Soeur Angèle*, l'Institut de tourisme et d'hôtellerie du Québec est heureux de mettre le recueil de toutes les recettes qui ont été présentées dans le cadre de la populaire émission de Radio-Canada, *Allô Boubou*, au cours de la saison 1982-83, à la disposition de toutes celles et de tous ceux qui ont découvert ou retrouvé, grâce à ces recettes et à Soeur Angèle, le plaisir simple et heureux de cuisiner facilement et sainement.

Spécialement sélectionnées et mises au point pour cette émission par le Centre de recherches technologiques de l'Institut, les recettes de *La cuisine joyeuse de Soeur Angèle* vous feront retrouver l'ambiance détendue et chaleureuse de ces émissions où, entre un tour de main et une vocalise, la cuisine est redevenue, pour bien des téléspectateurs, ce qu'elle ne devrait jamais cesser d'être: une activité simple et un plaisir de vivre à la portée de tous.

Au fil des huit chapitres du recueil, on trouvera, outre les recettes elles-mêmes, des conseils pratiques, des suggestions de cuisson et de présentation, des indications méthodologiques, bref, une foule de petits trucs culinaires, techniques et même... cosmétiques, qui donneront au plus timide aspirant cuisinier le goût de mettre lui aussi la main à la pâte.

Le Centre de recherches technologiques a mis un soin particulier à établir ces recettes à partir de la cuisine traditionnelle et familiale du Québec, cuisine qui a toujours su, avec les produits de chez nous, réjouir le coeur et l'estomac des convives, petits et grands.

Avec *La cuisine joyeuse de Soeur Angèle*, c'est cette grâce qu'aujourd'hui, une fois de plus, nous vous souhaitons.

                    Antoine Samuelli,
                    Directeur général de l'Institut de tourisme
                    et d'hôtellerie du Québec

Chères lectrices, chers lecteurs,

La présentation des recettes de Soeur Angèle, l'actuelle et valeureuse trésorière de la Société des Chefs de Cuisine et Pâtissiers de la Province de Québec, concorde bien avec les buts que notre Société, dès sa fondation en 1953, s'est engagée à promouvoir, à savoir:

- élaborer de nouvelles recettes permettant d'instaurer à la fois une bonne cuisine ainsi qu'une saine alimentation, avec tous les avantages qui en découlent et qui constituent pour notre population un facteur primordial de santé et de bien-être;
- encourager le progrès dans la profession culinaire;
- faire reconnaître la profession, encourager la formation des jeunes cuisiniers, établir des liens entre tous les intervenants de la profession et le public.

Nous vous souhaitons donc, chères lectrices et chers lecteurs, bonne lecture et un franc succès dans la réalisation des recettes, fort judicieuses, de ce Chef de Cuisine hors pair qu'est Soeur Angèle.

    Maurice Martin, c.c.c.
    Président
    La Société des Chefs de Cuisine et
    Pâtissiers de la Province de Québec

AVANT-PROPOS

À vous qui lirez ces lignes, j'adresse un cordial bonjour! Et j'enchaîne en répondant à une question qui m'est souvent posée. Ce qui me motive dans mon travail? D'abord, je peux le dire sincèrement: quelque chose d'inné, je crois. Ensuite, je dois gagner ma vie comme tout le monde: pourquoi ne pas le faire joyeusement?

Vous me demandez aussi pourquoi j'ai choisi ce travail? Je ne l'ai pas choisi, il m'est venu parce que je vivais dans la nature et parce que, dans mon jeune âge, j'ai appris à découvrir tant de beautés, à les goûter en compagnie de mon grand-père et à me rendre compte aussi avec quelle largesse et profusion le Seigneur les répandait sur ce pays qui était le mien. En voyant l'abondance, la variété de tout ce qu'un coin de terre peut produire, et le besoin vital qu'ont les gens de se nourrir, j'ai compris l'orientation que prendrait ma vie: rendre service en utilisant ce que le sol met à notre disposition, pour la joie de mon entourage.

En soi, la cuisine est une besogne assez ingrate, il faut bien l'avouer; mais c'est également un endroit privilégié, si l'on peut dire, un endroit où la mère surtout est irremplaçable. Vous avez comme moi remarqué que les enfants, petits et grands, quand ils entrent à la maison, vont droit à la cuisine voir ce qui s'y mijote. S'ils y trouvent en plus une personne souriante et détendue, ils seront portés à se raconter, à parler de leurs inquiétudes ou de leurs espoirs; la maman devient alors confidente et prend le pouls de chacun. Et quand, ensuite, on se réunit pour le repas, la table sera pour tous un centre de bonne humeur et d'union.

Dans l'enseignement que je donne comme dans mon travail quotidien, je désire que chacun sente avec quel amour j'accomplis ma tâche et j'essaie de communiquer le fruit d'expériences acquises au cours des ans et de montrer comment on peut simplifier le travail et le rendre plus agréable.

Avant de terminer, je voudrais dire ceci: le Seigneur a été généreux avec moi, je dois lui montrer ma reconnaissance en l'aimant, dans sa création et dans ses créatures. Aider les autres à aimer la vie, y a-t-il une meilleure façon de louer Celui qui nous l'a donnée?

    Je remercie de tout coeur le Centre de recherches technologiques de l'ITHQ, qui m'a apporté aide et support technique pour la planification des émissions et de leurs contenus, et l'équipe de *Allô Boubou* de Radio-Canada, qui a rendu leur réalisation possible. Sans eux, cette publication n'aurait pas pu avoir lieu.

Soeur Angèle Rizzardô

CONSEILS POUR CUISINER FACILEMENT ET ÉCONOMIQUEMENT

La simplicité qui fait le charme de la préparation des repas quotidiens n'exclut pas la variété, le goût et les couleurs.

Et bien préparer son menu, c'est aussi ne pas proposer deux plats identiques quant à leur valeur nutritive et à leur goût.

Il n'est pas nécessaire non plus que la viande soit présente à tous les repas; il est même bon pour la santé de la remplacer assez souvent par une bonne quantité de légumes et de salade. Il faut se rappeler aussi qu'on peut remplacer la viande par le poisson, les oeufs, les fruits.

Par ailleurs, la santé ne s'en porterait que mieux si on consommait beaucoup plus de fibres, donc d'aliments crus, comme les carottes, les courgettes, les épinards, les fèves chinoises, etc., la rhubarbe et tous les autres fruits, même les fruits séchés. Si on le veut, on peut leur faire retrouver leur souplesse en les laissant tremper toute une nuit dans l'eau tiède; ils gonflent alors et sont très agréables à manger. Il faut se souvenir aussi qu'il est très bon de commencer le repas avec un mets de digestion facile, comme la salade ou les fruits.

Il y a également l'art d'accommoder les restes. Car c'est bien d'un art qu'il s'agit, puisqu'il faut rendre ces restes appétissants. Ils deviennent ainsi une bonne source d'économie.

Pour une bonne réussite en cuisine, quel que soit le plat, il faut, en outre, utiliser des produits de bonne qualité; lire la recette attentivement et en entier; mettre ensuite sur la table tous les ingrédients requis, après les avoir pesés le cas échéant, ainsi que tous les ustensiles dont on se servira.

Le beurre est un élément important dans la cuisine familiale. Qui n'apprécierait pas son goût délicat? Toutefois, dans une recette où l'on indique d'employer du beurre, on peut, pour des raisons d'économie, en remplacer la moitié par de la graisse végétale ou de la margarine.

CONSEILS PÊLE-MÊLE

Si vous voulez préparer un pamplemousse ou une orange pour une salade, par exemple, ou comme entrée, prenez un couteau à éplucher bien affilé, coupez une mince tranche sur le dessus du fruit et enlevez la pelure en tournant, jusqu'à la pulpe, en enlevant la partie blanche. Ensuite, insérez le couteau dans la petite membrane qui sépare chacun des quartiers, détachez le quartier du coeur et retirez-le doucement, vous ne conserverez ainsi que la pulpe juteuse.

Lorsqu'une recette demande du zeste de citron ou d'orange, râpez le zeste de l'agrume sans toucher à la partie blanche, amère; blanchissez-le à l'eau bouillante avant de vous en servir.

Le bon *bouillon* se prépare à la maison et il est bien meilleur que tous les substituts que l'on trouve dans le commerce. On a eu soin de garder les feuilles de céleri, de poireau, les queues de persil, les débris de viande, etc., car, en cuisine, presque tout peut être utilisé. Le bouillon peut se préparer aussi bien à base d'os de veau, de boeuf, d'arêtes de poisson ou de carcasses de volailles. Il doit toujours être dégraissé à fond avant de servir. Il est accompagné de légumes et aromatisé au goût de chacun. Il peut être consommé nature ou servir de base pour les sauces. La cuisson doit être lente et longue. Il se congèle. Si vous constatez que le bouillon est trop salé, ajoutez une pomme de terre crue que vous laisserez cuire et qui absorbera le surplus de sel. On enlève la pomme de terre avant de servir. On peut aussi ajouter une petite pincée de sucre au bouillon afin d'en faire ressortir la saveur.

Quand une *sauce* cuit, la graisse remonte à la surface. Repoussez cette graisse vers le bord de la casserole avec le dos d'une cuiller et enlevez-la à mesure qu'elle se forme, à plusieurs reprises et à feu doux. Si la sauce a un goût d'ail trop prononcé, ajoutez-y 5 mL de persil haché fin.

Ne faites pas cuire le *vermicelle* ou le *macaroni* dans le bouillon, ce dernier perdrait sa transparence et la soupe aurait moins belle apparence.

Les *fèves au lard*, cuites dans un pot de grès ou dans un chaudron de fer, sont plus délicieuses quand elles sont petites et sont encore meilleures réchauffées. Auparavant, il faut les préparer: faites-les tremper toute une nuit dans de l'eau froide; le lendemain, videz cette eau et remplacez-la par de la nouvelle, amenez le tout à ébullition et jetez aussi cette eau. De cette façon, les fèves seront plus faciles à digérer.

Le *jus de concombre* est très bon pour la peau et très rafraîchissant.

Le *fenouil* émincé finement peut servir à purifier l'haleine et à nettoyer les dents.

L'*oeuf* occupe une des premières places dans la cuisine pour la grande variété de ses emplois. Il rend des services inappréciables, même comme dépannage. On le voit partout, dans les crèmes, les sauces, comme mets principal, dans les salades, les desserts, dans les boissons, dans les flans, les soufflés, etc.

Le *blanc d'oeuf* se bat mieux si on ajoute une pincée de sel. Il sera impossible de le battre si une simple parcelle de jaune s'y est mêlée. Il se congèle. Il est préférable de garder les oeufs dans leur contenant original et de s'assurer que la partie ronde est sur le dessus. Pour l'oeuf à la coque, s'assurer tout d'abord que l'oeuf est très frais, et ensuite qu'il est submergé dans de l'eau salée vinaigrée pour qu'il cuise bien.

LES ENTRÉES

Une entrée, c'est comme à l'opéra, cela donne le ton de ce qui va suivre. On aura donc compris qu'une entrée, c'est important.

Une entrée soignée, qui flatte l'oeil et stimule l'appétit sans trop couper la faim, voilà l'idéal. Bien des ressources sont à notre portée pour constituer des entrées variées et agréables. Parmi celles-ci, les *oeufs* occupent une place de choix. Ceux qui serviront dans les préparations à canapés et à sandwiches ou pour les salades pourront être cuits la veille, puis placés avec leur coquille dans de l'eau froide acidulée; celle-ci s'enlèvera plus facilement et le blanc sera plus ferme. Cela sauvera du temps pour la journée des préparatifs. Un conseil: ne pas faire cuire plus de neuf minutes, sinon l'oeuf noircira.

Les hors-d'oeuvre peuvent être chauds ou froids. Ils peuvent être constitués de mousses, de légumes farcis, de timbales, de canapés, d'oeufs ou de légumes en aspic, de jambon, d'anchois, de salami, etc. Le salami doit être gardé dans un papier ciré pour conserver sa couleur et éviter toute oxydation. Il se congèle.

ENTRÉES

1) Rillettes de porc

2) Aspic aux tomates et aux légumes

3) Saumon fumé

4) Bouchées à la viande

5) Courge à l'italienne

6) Roulé à la sole

7) Langues de morue à l'ail

8) Tartine duchesse

9) Tomates farcies au thon

10) Salade du Sud

Rillettes de porc

Ingrédients

- Épaule de porc frais (1 kg)
- Sel (au goût)
  Poivre (au goût)
  Laurier (au goût)
  Thym (au goût)

Gousse d'ail écrasée (1 unité)
Cannelle (1 pincée)
- Eau froide (2 L)
- Feuille de laitue (6 unités)

Temps de préparation: 20 minutes
Temps de cuisson: 2 à 3 heures
Rendement: 6 portions

Ustensiles

— couteau à émincer
— cul de poule (bol à mélanger)
— louche
— marmite
— pots en grès

Méthode

- Désosser et couper la viande en cubes.
- Placer dans une marmite les cubes de porc, les os et les assaisonnements.
- Couvrir entièrement d'eau froide et cuire à feu moyen jusqu'à complète évaporation de l'eau, ce qui peut prendre quelques heures.
    — Verser dans un récipient et laisser refroidir un peu.
    — Écraser soigneusement la viande à l'aide d'une fourchette, de façon à obtenir une belle purée.
    — Répartir dans de petits contenants en grès.
    — Laisser d'abord refroidir à la température ambiante et placer ensuite au frais.
- Démouler et servir très froid sur une feuille de laitue.

Les rillettes peuvent se conserver au réfrigérateur pendant 4 à 5 jours ou au congélateur pendant une durée maximale de 6 mois.

Aspic aux tomates et aux légumes

Ingrédients

- Jus de tomate (540 mL)
  Sucre (1 pincée)
  Sel (au goût)
  Poivre (au goût)
  Feuille de laurier (1/2 unité)
- Gélatine neutre (30 mL)
- Jus de citron (1 unité)
- Vinaigrette:
  — sel (au goût)
  — vinaigre (20 mL)
  — poivre (au goût)
  — huile (45 mL)

- Chou-fleur cuit (250 mL)
- Feuille de laitue (6 unités)
- Olive farcie en tranches (6 unités)
- Persil (au goût)
- Échalote (au goût)
  Paprika (quantité suffisante)

Temps de préparation: 30 minutes
Temps de cuisson: 2 à 3 minutes
Rendement: 6 portions

Ustensiles

— assiette de service
— casserole de 1 litre
— couteau à émincer
— couteau d'office
— essoreuse à salade ou linge sec
— fouet
— louche
— moule en couronne
— petit cul de poule (bol à mélanger)
— spatule en caoutchouc
— tasse à mesurer

Méthode

- Faire chauffer la moitié du jus de tomate avec le sucre, le sel, le poivre et le laurier.
- Faire *gonfler* la gélatine dans le reste de jus de tomate.
  — Ajouter la gélatine gonflée au jus de tomate assaisonné et bouillant.
  — Laisser bouillir de 2 à 3 minutes.
- Retirer du feu et ajouter le jus de citron.
  — Retirer la feuille de laurier.
  — Verser le mélange dans un moule en couronne.

- Incorporer les tranches d'olives et brasser.
  — Laisser prendre au réfrigérateur.
- Faire dissoudre le sel dans le vinaigre, poivrer et ajouter l'huile; bien mélanger.
- Faire *mariner* le chou-fleur dans la vinaigrette.
- Disposer les feuilles de laitue autour d'une assiette de service.
  — Démouler la gelée en passant le moule sous l'eau chaude courante; déposer l'aspic au centre de l'assiette.
- Disposer le chou-fleur cuit et les bouquets de persil en garniture.
- Tailler des tiges d'échalote en fleur et tremper les extrémités dans le paprika; disposer en garniture.

Servir froid comme entrée ou dans un buffet.

Cet aspic peut se conserver pendant 1 semaine au réfrigérateur, mais ne peut pas se congeler.

On peut préparer ce même aspic et le diviser dans des moules à baba.

Saumon fumé

Ingrédients

- Feuille de laitue (6 unités)
- Saumon fumé (450 g)
- Câpres (60 mL)
  Oignon haché (2 unités)
- Persil (au goût)
  Citron (1 unité)
- Poivre du moulin (au goût)
  Huile végétale (60 mL)

Temps de préparation: 15 minutes
Temps de cuisson: —
Rendement: 6 portions

Ustensiles

— assiettes à hors-d'oeuvre
— couteau à émincer
— couteau d'office
— couteau à trancher
— tasse à mesurer

Méthode

- Déposer une feuille de laitue dans chaque assiette à hors-d'oeuvre.
- Recouvrir de 3 tranches très minces de saumon fumé.

- Étendre tout autour les câpres et les oignons.
- Garnir d'un bouquet de persil et d'une tranche de citron.
- Assaisonner de poivre du moulin et arroser d'huile.

Le saumon fumé peut également être servi sur des canapés.

Il peut être congelé une seule fois et se conserver ainsi pendant une durée maximale de 6 mois.

Bouchées à la viande

Ingrédients

- Oignon haché (60 mL)
  Beurre (15 mL)
- Porc haché (675 g)
  Eau chaude (30 mL)
  Sel (au goût)
  Poivre (au goût)

Épices mélangées (1 pincée)
Clou de girofle (au goût)
Cannelle (au goût)
Gousse d'ail (1 unité)
- Pâte à l'eau chaude (500 g)
  (voir recette p. 183)

Temps de préparation: 45 minutes
Temps de cuisson: 12 à 15 minutes
Rendement: 6 portions

Ustensiles

— assiettes à tartelettes ou emporte-pièce et plaque
— couteau à émincer
— cuiller à mesurer
— fouet
— petite marmite

Méthode

- *Faire revenir* l'oignon haché dans un peu de beurre.
- Ajouter le porc haché, l'eau chaude et les assaisonnements.
  — Laisser mijoter jusqu'à ce que la viande soit cuite.
  — Vérifier l'assaisonnement et laisser tiédir.
- *Foncer* des assiettes à tartelettes d'une *abaisse* de pâte à l'eau chaude.
  — Garnir de la préparation de viande et recouvrir d'une autre *abaisse*.
  — Humecter d'eau et cuire au four à 200°C de 12 à 15 minutes environ.

On peut aussi découper la pâte à l'emporte-pièce, la déposer sur une plaque, la garnir d'un peu de viande, en humecter les bords et la recouvrir d'une autre *abaisse*. Cuire au four à la même température. Badigeonner d'un oeuf battu avec 45 mL d'eau.

Courge à l'italienne

Ingrédients

- Petite courge (3 unités)
- Sel (au goût)
  Poivre (au goût)
  Origan (5 mL)

Tomate concassée (250 mL)
Fromage râpé (cheddar et mozzarella) (250 mL)

Temps de préparation: 15 minutes
Temps de cuisson: 30 minutes
Rendement: 6 portions

Ustensiles

— couteau à émincer
— plat allant au four
— râpe
— tasse à mesurer

Méthode

- Éplucher les courges, retirer les graines et ne garder que la partie ferme; couper cette *pulpe* en tranches minces.
  — Dans un plat allant au four, disposer une rangée de tranches de courge.
- Assaisonner, couvrir de tomate et saupoudrer de fromage râpé.
  — Continuer cette superposition en terminant par le fromage.
  — Couvrir et cuire au centre du four à 180°C jusqu'à ce que la courge soit tendre, c'est-à-dire pendant environ 30 minutes.
- Servir chaud.

Ce plat accompagne très bien le jambon.

Roulé à la sole

Ingrédients

- Pâte semi-feuilletée (1 *abaisse*)
- Paprika (au goût)
- Filet de sole (450 g)
- Sauce tartare (175 mL) (voir recette p. 188)

Vinaigre à l'estragon chaud (15 mL)
- Cresson (1 paquet)
  Citron tranché (1 unité)
  Citron vert tranché (1 unité)

Temps de préparation: 5 minutes
Temps de cuisson: 10 minutes environ
Rendement: 6 portions

Ustensiles
— bain-marie
— poêlon
— spatule en métal

Méthode
- Préparer une *abaisse* de pâte semi-feuilletée de 23 cm de diamètre.
- La disposer dans une plaque, la saupoudrer de paprika, l'humecter d'eau et la cuire au centre du four à 230°C, pendant environ 10 minutes. Réserver au chaud.
- Rouler le filet de sole dans le sens de la longueur afin d'obtenir un long rouleau. Le ficeler délicatement.
  — *Pocher* le filet pendant quelques secondes.
  — Au moment de servir, déposer le rouleau sur la pâte.
- *Napper* de sauce tartare préalablement réchauffée au bain-marie et parfumée de vinaigre à l'estragon chaud.
- Décorer de feuilles de cresson et de rondelles de citron et de citron vert.

Langues de morue à l'ail

Ingrédients
- Beurre (40 mL)
  Huile (20 mL)
- Langue de morue (450 g)
  Oignon finement haché (165 mL)
- Sel (au goût)
  Poivre (au goût)
- Gousse d'ail écrasée (2 unités)
- Jus de citron (40 mL)
- Croûton grillé (quantité suffisante)
- Persil frais haché (quantité suffisante)

Temps de préparation: 15 minutes
Temps de cuisson: 8 minutes
Rendement: 6 portions

Ustensiles
— couteau à émincer
— couteau d'office
— cul de poule (bol à mélanger)
— poêlon
— tasse à mesurer

Méthode
- Faire fondre le beurre et l'huile dans un poêlon.
- Ajouter les langues de morue et l'oignon.
- Assaisonner et cuire à feu moyen.
- Arroser de jus de citron et laisser cuire de 5 à 8 minutes. Une cuisson prolongée ferait durcir les langues.
- Faire griller des croûtons au four à 200°C, jusqu'à ce qu'ils soient dorés.
  — Disposer les langues de morue chaudes sur ces croûtons grillés.
- Garnir de persil et servir.

Tartine duchesse

Ingrédients
- Rondelle de mie de pain (6 unités)
- Sauce béchamel (quantité suffisante) (voir recette p. 186)
- Huile (quantité suffisante)

Temps de préparation: 30 minutes
Temps de cuisson: 8 minutes
Rendement: 6 portions

Ustensiles
— casserole à friture
— couteau à émincer
— cuiller trouée
— emporte-pièce rond de 6 cm de diamètre et de 1,5 cm d'épaisseur
— râpe
— tôle à biscuits

Méthode
- Dans de la mie de pain, tailler 6 rondelles d'environ 6 cm de diamètre et de 1,5 cm d'épaisseur.
- Recouvrir ces tranches de sauce béchamel épaisse chaude.
- Faire chauffer l'huile jusqu'à 190°C; lorsqu'elle a atteint ce degré, y plonger les morceaux de pain, le côté sauce sur le dessus.
  — Cuire les tartines jusqu'à ce qu'elles deviennent bien croustillantes, c'est-à-dire pendant environ 8 minutes.
- Servir sur une assiette chaude.

Tomates farcies au thon

Ingrédients

- Petite tomate (12 unités)
- Thon (450 g)
  Céleri coupé en petits dés
  (3 branches)
  Mayonnaise (85 mL)
  Jus de citron (20 mL)

  Sel (au goût)
  Poivre (au goût)
  Ciboulette (5 mL)
- Feuille de laitue (romaine ou iceberg) (quantité suffisante)
  Persil (au goût)

Temps de préparation: 25 minutes
Temps de cuisson: —
Rendement: 6 portions

Ustensiles

— couteau à émincer
— cul de poule de 2 litres (bol à mélanger)
— passoire au linge sec
— tasse à mesurer

Méthode

- Découper une mince tranche du côté du *pédicule* sur chacune des tomates.
  — Bien *évider* les tomates en prenant soin de ne pas déchirer la peau.
- Mélanger le thon, le céleri, la mayonnaise, le jus de citron et les assaisonnements.
  — Farcir les tomates de cette garniture.
  — Refermer les tomates avec les tranches enlevées préalablement.
- Déposer les tomates farcies sur des feuilles de laitue et décorer de persil.

Le thon en conserve doit être bien égoutté.

Le thon frais doit être poché.

Le surplus de thon peut être servi sur des canapés.

Le céleri peut être blanchi à l'eau bouillante salée.

Salade du Sud

Ingrédients

VINAIGRETTE:
- Huile (175 mL)
  Vinaigre (60 mL)
  Sel (au goût)
  Poivre (au goût)
  Gingembre (5 mL)
  Miel (5 mL)

SALADE DE FRUITS:
- Mangue (2 unités)
  Avocat (2 unités)
  Melon miel vert (1 unité)
- Orange (3 unités)
  Pamplemousse (2 unités)
- Cresson (2 paquets)
  Noix de Grenoble concassée (125 mL)

Temps de préparation: 30 minutes
Temps de cuisson: —
Rendement: 6 portions

Ustensiles
— couteau à émincer
— couteau d'office
— fouet
— tamis
— tasse à mesurer

Méthode

VINAIGRETTE:
- Mélanger tous les ingrédients de la vinaigrette dans une tasse ou un bocal.
  — Bien agiter et réserver.

SALADE DE FRUITS:
- Découper en quartiers la *pulpe* des mangues, des avocats et du melon.
- Éplucher les oranges et les pamplemousses et n'utiliser que les suprêmes (c'est-à-dire la *pulpe* divisée en quartiers).
  — Dresser ces morceaux de fruits sur un plat de service en harmonisant bien les couleurs.
- Décorer avec le cresson et les noix de Grenoble.
  — Au moment de servir, bien agiter la vinaigrette fraîchement préparée et la *passer* à l'aide d'un tamis.
  — Arroser la salade de vinaigrette.

POTAGES ET SOUPES

1) Crème de poisson de Trois-Pistoles

2) Crème d'asperges de Saint-Étienne-des-Grès

3) Potage okra (PHOTO)

4) Soupe à l'oignon

5) Bouillon de poulet aux oeufs et au fromage

6) Soupe aux huîtres

7) Potage de poireaux

8) Crème de tomates

9) Crème de volaille princesse

10) Potage de par chez nous

Crème de poisson de Trois-Pistoles

Ingrédients

- Fécule de maïs (45 mL)
  Fumet de poisson (voir recette p. 180) (1,5 L)
- Saumon en petits morceaux (60 mL)
  Flétan en petits morceaux (60 mL)
  Aiglefin en petits morceaux (60 mL)
- Crème à 15 % (250 mL) ou beurre (30 mL)
- Sel (au goût)
  Poivre (au goût)
- Persil haché (15 mL)
- Croûton (facultatif) (quantité suffisante)

Temps de préparation: 1 heure
Temps de cuisson: 30 à 40 minutes
Rendement: 6 portions

Ustensiles
— casserole de 3 litres
— cuillers à mesurer
— couteau à émincer
— écumoire
— louche
— tamis, chinois ou tissu étamine
— tasse à mesurer

Méthode

- Délayer la fécule de maïs dans 125 mL de fumet de poisson froid. Réserver.
- Faire *pocher* le poisson dans le reste du fumet.
  — *Lier* avec la fécule délayée.
- Incorporer la crème ou le beurre.
- Vérifier l'assaisonnement.
- Persiller.
- Servir chaud avec des petits croûtons.

Cette crème peut facilement être réchauffée.

Elle se conserve au réfrigérateur pendant 4 jours, mais ne se congèle pas.

On peut préparer cette recette avec n'importe quel poisson.

Crème d'asperges de Saint-Étienne-des-Grès

Ingrédients
- Asperge (900 g)
- Eau (1 L)
- Oignon haché (1 unité)
  Pomme de terre en cubes
  (1 unité)
  Sel (au goût)
- Poivre (au goût)
- Crème à 15 % (150 mL)
  Jaune d'oeuf (2 unités)
  Beurre (30 mL)
- Persil haché (au goût)
  Croûton (quantité suffisante)

Temps de préparation: 20 minutes
Temps de cuisson: 25 minutes
Rendement: 6 portions

Ustensiles
— casserole de 3 litres
— couteau à émincer
— cuillers à mesurer
— fouet
— louche
— mélangeur
— tamis
— tasse à mesurer

Méthode
- Couper la pointe des asperges.
  — Réserver les pointes et couper les tiges en cubes de 2 cm.
- Amener l'eau à ébullition.
- Ajouter l'oignon, les cubes de pomme de terre, les cubes d'asperges et les assaisonnements.
  — Laisser bouillir pendant 15 minutes.
  — Battre au mélangeur et réduire en purée.
  — Remettre sur le feu.
  — Ajouter les pointes d'asperges.
  — Laisser mijoter de 1 à 2 minutes.
  — Retirer du feu.
- Ajouter la crème battue avec les oeufs. Ajouter le beurre et fouetter jusqu'à ce qu'il soit fondu.
- Persiller et décorer de croûtons.
- Servir cette crème chaude.

On peut préparer cette crème à l'avance; elle se réchauffe très bien au bain-marie couvert, en remuant souvent.

Potage okra

Ingrédients

- Riz cru (30 mL)
  Eau (1 L)
- Céleri en *julienne* (85 mL)
- Consommé de boeuf ou de poulet (2,8 L)
- Tomate entière ou concassée (200 mL)
- Okra en tranches fines (200 mL)
- Sel (au goût)
  Poivre (au goût)

Temps de préparation:	10 minutes
Temps de cuisson:	15 minutes
Rendement:	6 portions

Ustensiles

— couteau à émincer
— tamis
— tasse à mesurer

Méthode

- Laver le riz et le faire cuire dans l'eau pendant 20 minutes environ.
- Ajouter la *julienne* de céleri quelques minutes avant la fin de la cuisson.
  — Égoutter.
- Amener le consommé à ébullition.
- Juste avant de servir, ajouter les tomates, le riz et les tranches d'*okra*.
- Assaisonner.
- Servir chaud.

Si on utilise des tomates fraîches, les plonger dans l'eau bouillante quelques secondes, les rafraîchir à l'eau froide et les éplucher.

Soupe à l'oignon

Ingrédients

- Oignon émincé (150 mL)
  Beurre (60 mL)
- Farine (40 mL)
- Eau ou bouillon (1,5 L)
- Sel (au goût)
  Poivre (au goût)
- Croûton (quantité suffisante)
- Emmenthal râpé (250 mL)

Temps de préparation: 30 minutes
Temps de cuisson: 20 minutes
Rendement: 6 portions

Ustensiles
— casserole
— couteau à émincer
— cuiller à mesurer
— soupière
— tasse à mesurer

Méthode
- *Faire revenir* les oignons dans le beurre, à feu doux.
- *Singer* et laisser brunir légèrement.
- *Mouiller* avec le liquide.
- Assaisonner et laisser cuire pendant 10 minutes.
  — Verser ce bouillon dans une soupière ou dans des bols individuels.
- Couvrir de croûtons ou d'une rondelle de pain français pour les portions individuelles.
- Parsemer d'emmenthal râpé et *gratiner* au four.

Cette préparation peut être utilisée comme sauce pour accompagner un rôti de boeuf au jus.

Bouillon de poulet aux oeufs et au fromage

Ingrédients
- Beurre (80 mL)
  Oeuf (2 unités)
- Chapelure fine (200 mL)
  Sel (quantité suffisante)
- Parmesan râpé du Québec (250 mL)
- Bouillon de poulet (1,5 L)
- Persil haché (10 mL)
  Muscade (1 pincée)

Temps de préparation: 20 minutes
Temps de cuisson: 10 minutes
Rendement: 6 portions

Ustensiles
— chaudron de 2 litres
— cuiller en bois
— cul de poule de 1 litre (bol à mélanger)
— râpe
— tasse à mesurer

Potage Okra, voir recette p. 31 ▷

Méthode
- Amollir le beurre, ajouter les oeufs et bien mélanger avec une cuiller en bois.
- Ajouter la chapelure, le sel et le parmesan râpé.
  — Tremper les mains dans de l'eau, puis façonner des boulettes avec cet appareil.
- Amener le bouillon à ébullition; y ajouter les boulettes et les faire cuire pendant 10 minutes.
- Saupoudrer de persil et de muscade.
- Servir très chaud.

Soupe aux huîtres

Ingrédients
- Beurre (50 mL)
  Farine (60 mL)
- Fumet de poisson (voir recette p. 180) (1 L)
- Sel (au goût)
  Cayenne (au goût)
- Lait (300 mL)
  Crème à 35 % (30 mL)
- Huître (300 g ou 20 à 25 unités)
- Beurre (quantité suffisante)
  Paprika (au goût)

Temps de préparation: 15 minutes
Temps de cuisson: 25 à 30 minutes
Rendement: 6 portions

Ustensiles
— chaudron de 3 litres
— cuiller en bois
— cuiller à mesurer
— fouet
— petit cul de poule (bol à mélanger)
— tamis
— tasse à mesurer

Méthode
- Faire fondre le beurre, y ajouter la farine en brassant avec un fouet de façon à former un *roux* brun.
- *Mouiller* avec le fumet de poisson et laisser cuire de 25 à 30 minutes environ.
- Saler et ajouter une pincée de cayenne.
- Pendant ce temps, chauffer le lait avec la crème.

◁ *Aspic aux tomates et aux légumes, voir recette p. 18*

- Y déposer les huîtres et les faire légèrement *pocher* seulement, de façon à ce qu'elles ne durcissent pas.
  — *Passer* le fumet et l'ajouter aux huîtres.
  — Vérifier l'assaisonnement.
- Servir ce potage très chaud garni de noix de beurre et saupoudré de paprika.

Si vous n'avez pas de fumet de poisson, vous pouvez le remplacer par du bouillon de poulet ou bien par 5 mL de base de poulet pour 250 mL de lait.

Potage de poireaux

Ingrédients

- Beurre (30 mL)
  Poireau émincé (300 mL)
- Eau (1,5 L)
  Pomme de terre en cubes (700 mL)
- Sel (au goût)
  Poivre (au goût)
- Crème à 35 % ou à 15 % (30 mL)
- Croûton à l'ail (voir recette p. 178) (quantité suffisante)

Temps de préparation: 10 minutes
Temps de cuisson: 20 à 25 minutes
Rendement: 6 portions

Ustensiles

— bain-marie
— casserole de 3 litres
— couteau à émincer
— couteau d'office
— cuiller en bois
— cuiller à mesurer
— fouet
— mélangeur
— tamis
— tasse à mesurer

Méthode

- Faire fondre le beurre et y faire chauffer les morceaux de poireau en brassant, sans laisser colorer.
- *Mouiller* avec l'eau et ajouter les cubes de pomme de terre.
- Assaisonner.
  — Couvrir la casserole et laisser mijoter de 20 à 25 minutes environ.

- — Battre le potage au mélangeur, puis le *passer* si nécessaire.
- Chauffer au bain-marie et *crémer*.
  - — Bien remuer.
- Servir chaud avec des croûtons à l'ail.

Crème de tomates

Ingrédients

- Beurre (50 mL)
  Carotte émincée (30 mL)
  Poireau émincé (25 mL)
  Céleri émincé (30 mL)
  Oignon haché (25 mL)
- Farine (80 mL)
- Tomate fraîche concassée (300 mL)
- Bouillon de volaille (650 mL)
- Gousse d'ail écrasée (facultatif) (1 unité)
- Sucre (5 mL)
  Sel (au goût)
  Poivre (au goût)
- Crème à 35 % (30 mL)
- Basilic frais haché (quantité suffisante)

Temps de préparation: 15 à 20 minutes
Temps de cuisson: 15 minutes
Rendement: 6 portions

Ustensiles

- — casserole de 3 litres
- — couteau à émincer
- — couteau d'office
- — cuiller en bois
- — cuillers à mesurer
- — tasse à mesurer

Méthode

- Faire fondre le beurre, ajouter les légumes et chauffer légèrement.
- *Singer.*
- Ajouter les *tomates* préalablement *émondées* et *épépinées*.
- *Mouiller* avec le bouillon.
- Ajouter l'ail (si désiré).
  - — Faire cuire à feu vif pendant environ 10 minutes, puis réduire le feu.
- Ajouter le sucre et les assaisonnements.
  - — Continuer la cuisson à feu modéré pendant 10 minutes environ.
- *Crémer* et amener au point d'ébullition en brassant doucement. Ne pas faire bouillir, car la crème tournerait.
  - — Vérifier l'assaisonnement.
- Saupoudrer de basilic.
- Servir très chaud.

À défaut de bouillon de volaille, on peut utiliser du jus de cuisson de légumes.

On peut battre ce potage au mélangeur.

On peut remplacer les tomates fraîches par des tomates en conserve et la crème à 35 % par du lait entier en y ajoutant un peu de beurre.

Crème de volaille princesse

Ingrédients

- Beurre (45 mL)
  Farine (45 mL)
- Bouillon de poulet (1,5 L)
  Lait (750 mL)
- Jaune d'oeuf (3 unités)
- Sel (au goût)
  Poivre (au goût)
- Croûton doré (quantité suffisante)

Temps de préparation: 10 minutes
Temps de cuisson: au point d'ébullition
Rendement: 6 portions

Ustensiles

— bain-marie de 2,5 à 3 litres
— casserole
— cuiller en bois
— cuillers à mesurer
— cul de poule (bol à mélanger)
— fouet
— tasse à mesurer

Méthode

- Faire un *roux* blanc avec le beurre et la farine.
- *Mouiller* avec le bouillon et le lait.
  — Amener à ébullition.
- Réchauffer le jaune d'oeuf et le verser sur le potage. Bien brasser.
  — Retirer du feu immédiatement.
- Vérifier l'assaisonnement.
  — Garder chaud au bain-marie jusqu'au moment de servir. Ne pas laisser bouillir.
- Servir avec des croûtons.

On peut servir ce potage sur des dés de poulet cuit et des champignons émincés ou sur tout autre légume.

Potage de par chez nous

Ingrédients

- Carotte (grosseur moyenne) (1 unité)
- Oignon (grosseur moyenne) (3 unités)
- Poireau (grosseur moyenne) (3 unités)
- Céleri (3 branches)
- Navet (facultatif) (1/2 unité)
- Chou (grosseur moyenne) (1/2 unité)
- Pomme de terre (grosseur moyenne) (3 unités)
- Beurre (60 mL)
- Bouillon de volaille ou eau bouillante (2,8 L)
- Lard salé (125 mL)
- Sel (au goût)
- Poivre (au goût)

Temps de préparation: 25 minutes
Temps de cuisson: 30 à 45 minutes
Rendement: 6 à 8 portions

Ustensiles

— chaudron de 4 litres
— couteau à émincer
— couteau d'office
— cuiller en bois
— cuillers à mesurer
— tasse à mesurer

Méthode

- Tailler les légumes en *julienne*.
- Faire fondre le beurre et y déposer tous les légumes, sauf les pommes de terre.
- *Mouiller* avec le bouillon.
- Couper le lard en *lardons*; les faire *blanchir* quelques minutes à l'eau bouillante.
    — Les ajouter au potage et faire mijoter pendant 15 minutes environ.
    — Ajouter ensuite la *julienne* de pommes de terre et continuer la cuisson pendant environ 15 minutes.
- Vérifier l'assaisonnement.
- Servir chaud.

Ce potage peut facilement être réchauffé.

LES POISSONS

Les poissons jouent un rôle fondamental dans notre alimentation. Le Québec, pays riche en poissons, n'en est cependant pas encore un gros consommateur.

On trouve, dans nos magasins, du poisson sous diverses formes: vivant (en viviers), frais, congelé. Il est présenté entier, en filets, en tronçons, émietté, etc.

Un poisson frais se reconnaît aux signes suivants: la chair est ferme, l'odeur agréable, l'oeil clair et rond, les ouïes rouges.

Il peut se préparer de bien des façons: au court-bouillon, à la poêle, au four ou à la vapeur.

Le poisson, riche en protéines, en iode et en phosphore, est un aliment indispensable dans notre alimentation.

Outre le turbot, la sole (plie), la morue, on trouve aussi à l'état frais de la lotte, de la raie, du brochet, du saumon et bien d'autres encore.

Le poisson congelé doit être décongelé au réfrigérateur pendant 24 à 48 heures avant d'être cuisiné.

On devrait mettre plus souvent du poisson au menu. Il demande une courte cuisson. Pour les estomacs fragiles, il est préférable de servir un poisson maigre et de le faire cuire sans gras, au four, dans un papier sulfurisé. Le poisson que l'on veut rôtir est auparavant assaisonné et aspergé de jus de citron. On le passe ensuite dans la farine ou dans un oeuf battu, puis dans la panure. On le place dans l'huile chaude à laquelle on a ajouté du beurre juste le temps voulu pour le dorer. On le retire alors du feu et on l'arrose de beurre et de jus de citron.

POISSONS

1) Quiche au crabe des neiges

2) Filet d'aiglefin

3) Darne de saumon aux câpres et aux cornichons

4) Darne d'omble de l'Arctique aux champignons

5) Coquilles du marin

6) Filet de perche, sauce au cidre

7) Tarte royale au doré

8) Filet d'aiglefin farci

9) Saumon à la normande

10) Darne de flétan au beurre d'anchois (PHOTO)

11) Filet de maquereau de la belle province

12) Moules au riz pilaf

13) Chaudrée de morue

14) Éperlans frits, sauce tartare

15) Pétoncles amandines

Quiche au crabe des neiges

Ingrédients

- Pâte brisée (voir recette p. 183) (250 g)
- Oignon haché (125 mL) Champignon émincé (250 mL) Beurre (30 mL)
- Crabe des neiges cuit émietté (450 g)

- Oeuf (3 unités) Crème à 35 % (200 mL)
- Sel (au goût) Poivre de Cayenne (au goût)

Temps de préparation: 15 à 20 minutes
Temps de cuisson: 20 à 25 minutes
Rendement: 6 portions

Ustensiles

— assiette à tarte ou moule à quiche
— couteau à émincer
— couteau d'office
— cuiller en bois
— fouet
— grand cul de poule (bol à mélanger)
— rouleau à pâtisserie
— sauteuse
— tasse à mesurer

Méthode

- *Foncer* une assiette à tarte de 23 cm ou un moule à quiche, d'une *abaisse* de pâte brisée.
  — Réserver.
- *Faire suer* les oignons et les champignons dans le beurre.
- Ajouter le crabe.
- Battre les oeufs avec la crème.
  — Ajouter au crabe.
- Assaisonner et bien mélanger le tout.
  — Laisser refroidir.
  — Verser dans le moule *foncé* de pâte.
  — Cuire au four à 180°C de 20 à 25 minutes.

Cette quiche peut être congelée une fois cuite. Pour la réchauffer, la placer dans le bas d'un four froid et réchauffer à 150°C.

Filet d'aiglefin

Ingrédients

- Filet d'aiglefin (900 g)
- Sel (au goût)
  Poivre (au goût)
  Jus de citron (40 mL)
- Appareil à l'anglaise:
  — oeuf (2 unités)
  — huile (15 mL)
- Farine (quantité suffisante)
  Chapelure (quantité suffisante)
- Beurre (45 mL)
  Huile (45 mL)
- Citron *cannelé* (facultatif)
  (1 unité)
  Bouquet de persil (facultatif)
  (1 unité)

Temps de préparation: 12 à 15 minutes
Temps de cuisson: 7 à 8 minutes
Rendement: 6 portions

Ustensiles

— cuiller à mesurer
— culs de poule (bols à mélanger)
— fouet
— papier absorbant
— sauteuse
— spatule

Méthode

- Éponger les filets d'aiglefin.
- Les assaisonner et les arroser de jus de citron.
- Battre les oeufs et les mélanger à l'huile.
- Tremper successivement les filets d'aiglefin dans la farine d'abord, ensuite dans l'appareil à l'anglaise et enfin dans la chapelure.
- Faire *sauter* les filets dans l'huile et le beurre fondu.
- Décorer avec un citron *cannelé* et un bouquet de persil.
- Servir chaud.

Ce poisson ne doit pas être trop cuit afin de ne pas perdre sa saveur et sa fraîcheur.

Darne de saumon aux câpres et aux cornichons

Ingrédients

- *Darne* de saumon de 150 g (6 unités ou 900 g)
- Beurre (75 mL)
  Cornichon sucré finement haché (30 mL)
  Sel (au goût)
  Poivre (au goût)
  Paprika (2 mL)
- Tranche de citron *cannelée* (6 unités)
- Bouquet de persil (au goût)

SAUCE AUX CÂPRES:
- Beurre (15 mL)
  Farine (15 mL)
- Lait (250 mL)
- Persil haché fin (30 mL)
  Jus de citron (15 mL)
  Vinaigre (5 mL)
  Câpre hachée (30 mL)
  Sel (au goût)
  Poivre (au goût)

Temps de préparation: 10 minutes
Temps de cuisson: 10 à 15 minutes
Rendement: 6 portions

Ustensiles

— canneleur
— couteau à émincer
— couteau d'office
— cuillers à mesurer
— cul de poule (bol à mélanger)
— fouet
— saucière
— spatule en caoutchouc
— tasse à mesurer
— tôle et grille

Méthode

- Déposer le saumon sur une grille beurrée.
- Amollir le beurre et y ajouter les cornichons, le sel, le poivre et le paprika.
  — Badigeonner les *darnes* de ce mélange.
  — Placer la grille dans une tôle et faire griller le saumon au centre du four à 260°C («broil»), pendant 5 à 6 minutes de chaque côté.
- Garnir le centre de chaque *darne* d'une mince tranche de citron *cannelée*.
- Décorer d'un bouquet de persil.
- Servir avec une sauce aux câpres.

SAUCE AUX CÂPRES:
- Former un *roux* blanc en mélangeant bien le beurre fondu et la farine.
  — Laisser refroidir.
- Ajouter le lait bouillant en brassant continuellement.
  — Amener à ébullition et laisser mijoter à feu doux pendant 15 minutes.
- Incorporer les autres ingrédients et laisser mijoter de 2 à 3 minutes.
- Servir chaud dans une saucière.

Éviter de trop cuire le saumon, il serait sec et difficile à digérer.

Darne d'omble de l'Arctique aux champignons

Ingrédients
- Beurre (quantité suffisante)
  Darne d'omble de l'Arctique (6 unités)
  Sel (au goût)
  Poivre (au goût)
- Beurre (15 mL)
  Champignon frais (250 mL)
- Crème sûre (575 mL)
  Sel (au goût)
  Poivre (au goût)
- Paprika (au goût)
- Persil finement haché (au goût)

Temps de préparation: 10 à 15 minutes
Temps de cuisson: 10 à 15 minutes
Rendement: 6 portions

Ustensiles
— cuiller à mesurer
— cuiller de service
— plat creux allant au four
— poêle
— spatule
— tasse à mesurer

Méthode
- Beurrer un plat creux allant au four et y déposer le poisson. Assaisonner.
  — Faire cuire au centre du four à 225°C pendant 10 minutes environ.
- Faire fondre le beurre et y *faire revenir* les champignons.
- Ajouter la crème sûre et les assaisonnements.
  — Retirer du feu.
- Verser cette sauce chaude sur les *darnes* cuites et saupoudrer de paprika.

— Laisser encore quelques minutes dans le haut du four, mais à température réduite.
- Persiller et servir.

Surveiller le temps de cuisson, un poisson trop cuit perd sa couleur et sa fine saveur.

Coquilles du marin

Ingrédients

- Vin blanc (si désiré) (75 mL)
  Eau (125 mL ou 200 mL en l'absence de vin)
  Sel (au goût)
  Poivre (au goût)
- Filet de turbot en tranches minces (750 g)

SAUCE:

- Beurre (40 mL)
  Ciboule hachée (50 mL)
- Farine (40 mL)
  Sel (au goût)
  Poivre (au goût)
- Lait (200 mL)
- Cheddar et mozzarella râpés (quantité suffisante)

Temps de préparation: 15 à 20 minutes
Temps de cuisson: 5 à 10 minutes
Rendement: 6 portions

Ustensiles

— couteau à émincer
— cuiller en bois
— cuillers à mesurer
— culs de poule (bols à mélanger)
— fouet
— plat en pyrex (ou coquilles)
— râpe
— sauteuse
— spatule
— tasse à mesurer

Méthode

- Mélanger le vin (s'il y a lieu), l'eau et les assaisonnements.
- Amener à ébullition et ajouter les tranches de poisson, couvrir et laisser mijoter quelques minutes.
  — Égoutter, réserver le poisson et le fumet séparément.
- Faire fondre le beurre et y *faire suer* la ciboule.
- *Singer* et ajouter les assaisonnements.

- Ajouter lentement le lait bouillant et une quantité égale de fumet.
  — Cuire en remuant jusqu'à épaississement.
  — Incorporer délicatement les morceaux de poisson.
  — Verser dans des petits moules en pyrex ou dans des coquilles graissées.
- Parsemer de fromage et *gratiner* au four à 230°C.

On peut aussi faire une bordure de pommes de terre en purée, à l'aide d'une poche munie d'une *douille* cannelée, et verser la sauce au poisson parsemée de fromage au centre; *gratiner* au four.

Filet de perche, sauce au cidre

Ingrédients

- Beurre (70 mL)
  Échalote hachée (45 mL)
  Persil haché (30 mL)
- Filet de perche (2,7 kg)
- Cidre (150 mL)
  Eau (1 L)
- Sel (au goût)
  Poivre (au goût)
- Beurre (125 mL)
  Farine (125 mL)
- Sauce hollandaise (voir recette p. 186) (250 mL)

Temps de préparation: 10 à 15 minutes
Temps de cuisson: 25 minutes
Rendement: 6 portions

Ustensiles
— couteau à émincer
— cuiller en bois
— cuiller à mesurer
— cul de poule (bol à mélanger)
— fouet
— papier sulfurisé ou ciré
— plaque
— tasse à mesurer

Méthode
- Beurrer le fond d'une plaque et le parsemer d'échalotes et de persil haché.
- Ranger les filets dans cette plaque.
- Ajouter le cidre et l'eau bouillante.
- Assaisonner et couvrir d'un papier sulfurisé.
  — Faire *pocher* le poisson pendant 10 minutes sur feu doux.
  — Récupérer le jus de cuisson et réserver les filets au chaud.

- Dans une poêle, faire un *roux* blanc avec le beurre et la farine.
  — *Mouiller* avec le jus de cuisson des filets.
  — Laisser mijoter 10 à 15 minutes.
  — *Passer.*
- Incorporer la sauce hollandaise chaude.
  — *Napper* les filets de la sauce ainsi obtenue.
  — *Glacer* au four à 260°C («broil»).

À défaut de sauce hollandaise, incorporer un jaune d'oeuf; faites chauffer en prenant soin de ne pas laisser bouillir.

Tarte royale au doré

Ingrédients

- Filet de doré (500 g)
- Eau (250 mL)
- Sel (au goût)
  Poivre (au goût)
  Persil haché (au goût)
  Feuille de laurier (1 unité)
  Jus de citron (40 mL)
- Oignon émincé (1 unité)
  Céleri émincé (2 branches)
  Beurre (75 mL)
- Farine (75 mL)
- Sel (1 pincée)
  Moutarde en poudre (1 pincée)
- Crème à 15 % (175 mL)
  Jus de citron (30 mL)
- Piment rouge haché fin (1/2 unité)
  Amande effilée (25 mL)
- Pâte brisée (voir recette p. 183) (500 g ou 2 *abaisses*)

Temps de préparation: 20 à 25 minutes
Temps de cuisson: 30 à 35 minutes
Rendement: 6 portions

Ustensiles

— assiette à tarte de 23 cm
— casserole avec couvercle
— couteau à émincer
— cuiller en bois
— tasse à mesurer

Méthode

- Déposer les filets dans une casserole.
- *Mouiller* avec l'eau.
- Ajouter les assaisonnements et le jus de citron.
  — Amener au point d'ébullition à feu vif. Couvrir; réduire le feu et laisser mijoter de 5 à 7 minutes environ.

- Retirer de la casserole et bien égoutter.
- Réserver le jus de cuisson.
- Émietter les filets et laisser tiédir.
* Faire *sauter* l'oignon et le céleri dans le beurre.
* *Singer*.
* Ajouter le sel et la moutarde.
* Incorporer lentement la crème, le jus de cuisson et le jus de citron en remuant jusqu'à épaississement.
* Éteindre le feu, ajouter le piment, les amandes et le poisson.
* *Foncer* un moule à tarte de 23 cm d'une *abaisse* de pâte brisée.
  - Verser le mélange de poisson à l'intérieur et couvrir d'une autre abaisse.
  - Sceller le contour en humectant les bords à l'eau froide, et denteler.
  - Faire des entailles pour la garniture.
  - Placer dans la partie inférieure du four et cuire à 200°C pendant environ 30 minutes.

Filet d'aiglefin farci

Ingrédients

FARCE:
* Graisse ou beurre (30 mL)
* Oignon finement haché (1 unité)
  Céleri finement haché (1 branche)
  Persil finement haché (au goût)
* Poisson émietté (250 mL)
  Pain en cubes (125 mL)
* Sel (au goût)
  Poivre (au goût)
  Oeuf (1 unité)

FILET:
* Filet d'aiglefin (6 unités)
  Jus de citron (40 mL)
* Graisse (30 mL)
* Beurre fondu (au goût)
* Persil frais (au goût)
  Rondelle de citron (au goût)

Temps de préparation: 15 à 20 minutes
Temps de cuisson: 10 à 15 minutes
Rendement: 6 portions

Ustensiles
- couteau à émincer
- couteau d'office
- cuiller en bois
- cuillers à mesurer

— poêle allant au four
— sauteuse ou poêle
— tasse à mesurer

Méthode
FARCE:
- Faire fondre la graisse ou le beurre dans une sauteuse.
- Y *faire revenir* l'oignon, le céleri et le persil.
- Ajouter le poisson et le pain.
  — Bien écraser le tout.
- Assaisonner et *lier* avec l'oeuf.
  — Réserver.

FILET:
- Arroser les filets de jus de citron.
- Faire fondre la graisse dans une poêle allant au four.
  — Déposer dans le fond la moitié des filets, couvrir de farce et déposer l'autre moitié des filets sur le dessus.
- Arroser de beurre fondu et cuire au four à 200°C de 10 à 15 minutes environ.
- Décorer de persil et de rondelles de citron.

Saumon à la normande

Ingrédients

COURT-BOUILLON:
- Eau (570 mL)
  Sel (15 mL)
  Vinaigre (60 mL)
  Carotte en rondelles (1 unité)
  Oignon haché (1 unité)
  Céleri émincé (1 branche)
  Persil haché (au goût)
  Feuille de laurier (1 unité)
  Poivre en grains (au goût)

SAUMON:
- Saumon frais (1,8 à 2,3 kg)

SAUCE NORMANDE:
- Beurre (30 mL)
  Farine (30 mL)
- Eau chaude (125 mL)
  Court-bouillon (60 mL)
- Jus de citron (40 mL)
  Persil haché (5 mL)
  Cornichon haché (15 mL)
- Crème à 15 % (60 mL)
- Sel (au goût)
  Poivre (au goût)

Temps de préparation: 15 à 20 minutes
Temps de cuisson: 30 à 35 minutes
Rendement: 6 portions

Ustensiles
— couteau à émincer
— cuiller à mesurer

- fouet
- marmite
- papier métallique
- tamis ou chinois
- tasse à mesurer

Méthode
COURT-BOUILLON:
- Mélanger tous les ingrédients et faire mijoter pendant 20 minutes.

SAUMON:
- Plonger le saumon enveloppé dans du papier métallique dans ce *court-bouillon*.
  - Laisser *pocher* de 10 à 15 minutes.
  - Retirer du feu.
  - Égoutter le saumon; le réserver au chaud de même que le *court-bouillon*.

SAUCE NORMANDE:
- Former un *roux* blanc en mélangeant le beurre fondu et la farine.
- *Mouiller* avec l'eau et le court-bouillon.
  - Chauffer et laisser épaissir.
- Ajouter le jus de citron, le persil et les cornichons.
- *Crémer*.
- Assaisonner et verser sur le poisson.

Le saumon est très bon en salade. Il peut également être présenté en mousse, ou froid avec une sauce tartare.

Darne de flétan au beurre d'anchois

Ingrédients
DARNE:
- Farine (60 mL)
  Darne de flétan de 175 g chacune (6 unités)
- Beurre (45 mL)
  Huile (45 mL)
- Sel (au goût)
  Poivre (au goût)
- Beurre d'anchois (au goût)
  Citron en quartiers (1 unité)

- Tranche de citron *cannelée* (au goût)
  Bouquet de persil (au goût)

BEURRE D'ANCHOIS:
- Beurre (125 g)
- Anchois (60 g)
  Persil haché (quantité suffisante)

Temps de préparation: 10 à 15 minutes
Temps de cuisson: 10 minutes
Rendement: 6 portions

Ustensiles

- couteau d'office
- cuiller en bois
- cuiller à mesurer
- cul de poule (bol à mélanger)
- papier ciré
- poêle
- spatule
- tasse à mesurer

Méthode

DARNE:
- Fariner chaque *darne* de flétan.
- Chauffer le beurre et l'huile et faire *sauter* les *darnes* pendant 10 minutes environ.
- Assaisonner.
- Garnir chaque *darne* d'une rondelle de beurre d'anchois et de quartiers de citron
- Décorer le plat de tranches de citron *cannelées* et de bouquets de persil.

BEURRE D'ANCHOIS:
- Amollir le beurre.
- Y incorporer les anchois et le persil haché.
  — Rouler ce beurre dans du papier ciré, former un rouleau d'environ 5 cm de diamètre.
  — Placer au réfrigérateur et laisser bien durcir.
  — Couper en rondelles d'environ 0,5 cm d'épaisseur.

Filet de maquereau de la belle province

Ingrédients

- Farine (150 mL)
  Sel (au goût)
  Poivre (au goût)
  Filet de maquereau (6 unités)
- Huile (60 mL)
  Beurre (60 mL)
- Champignon haché (225 mL)
  Oignon haché (165 mL)

Gousse d'ail écrasée (1 unité)
Échalote hachée (45 mL)
- Vinaigre (30 mL)
- Tomate (2 unités)
- Persil finement haché (au goût)

Temps de préparation: 15 à 20 minutes
Temps de cuisson: 10 à 15 minutes
Rendement: 6 portions

Ustensiles
- couteau à émincer
- couteau d'office
- cuiller à mesurer
- plat de service
- sauteuse ou poêle
- spatule

Méthode
- Fariner et assaisonner les filets.
- Chauffer l'huile et le beurre dans une sauteuse; y déposer les filets et les faire *sauter* dans l'huile bouillante et le beurre, jusqu'à ce qu'ils soient cuits.
    - Les dresser alors sur un plat et réserver au chaud.
- Récupérer l'huile de cuisson bouillante et y jeter les champignons, les oignons, l'ail et les échalotes.
    - Faire *rissoler* le tout.
    - Verser ces légumes sur les filets.
- Arroser de vinaigre et réserver au chaud.
- Faire *sauter* les tomates dans l'huile bouillante et en entourer le poisson.
- Couvrir de persil.
- Servir chaud.

Moules au riz pilaf

Ingrédients
- Moule (2 L)
- Poivre (pas de sel) (1 pincée)
  Persil en branches (au goût)
  Thym (au goût)
  Échalote hachée (2 unités)
- Vin blanc (250 mL)
- Beurre (30 mL)
  Persil haché (au goût)

RIZ PILAF:
- Riz (250 mL)
  Beurre (30 mL)

- Eau ou bouillon de poulet (500 mL)
- Oignon (1 unité)
  Clou de girofle (1 unité)
- Beurre (75 mL)
  Sel (au goût)
  Poivre (au goût)
- Sauce béchamel (voir recette p. 186) (250 mL)
- Cari ou safran (quantité suffisante)

Temps de préparation: 12 à 15 minutes
Temps de cuisson: 15 à 20 minutes
Rendement: 6 portions

Ustensiles

— brosse à légumes
— cuiller en bois
— cuiller de service
— marmite
— plat de service
— tasse à mesurer

Méthode

- Gratter les moules et les laver à l'eau courante à plusieurs reprises sans les laisser tremper dans l'eau.
- Les placer dans une marmite avec le poivre, le persil, le thym et les échalotes.
- *Mouiller* avec le vin blanc, couvrir et faire cuire à feu vif jusqu'à ce que les moules soient toutes ouvertes (attention de ne pas trop les cuire).
   — Retirer aussitôt du feu.
- Dans une casserole, verser l'eau de cuisson et faire bouillir à feu vif avec le beurre et le persil.
   — Laisser réduire de moitié et verser sur les moules après les avoir *décortiquées* de leur coquille supérieure.

RIZ PILAF:
- Laver et éponger le riz, le *faire revenir* dans le beurre sans le laisser colorer.
- Lorsque le riz a perdu sa transparence, verser l'eau ou le bouillon.
- Ajouter l'oignon et le clou de girofle.
   — Cuire doucement jusqu'à ce que le bouillon soit complètement évaporé et que le riz soit sec et gonflé.
- Retirer du feu, ajouter le beurre, le sel et le poivre.
- Préparer une sauce béchamel.
- L'assaisonner de cari ou de safran au goût.
- Dresser les moules au centre d'une assiette; les *masquer* de sauce et les entourer de riz.

On peut cuire le riz au four à 190°C dans une marmite fermée hermétiquement; utiliser du riz à long grain, du bouillon de poulet et laisser cuire pendant une vingtaine de minutes.

Chaudrée de morue

Ingrédients

- Oignon en dés (125 mL)
  Céleri en dés (125 mL)
  Piment vert en dés (85 mL)
  Gousse d'ail écrasée (1 unité)
  Beurre (60 mL)
- Farine forte (200 mL)
- Tomate concassée (250 mL)
  Fumet de poisson (voir recette p. 180) ou bouillon (450 mL)
- Feuille de laurier (1 unité)
  Basilic (5 mL)
  Épices mélangées (1 pincée)
  Thym (1 pincée)
  Cayenne (1 pincée)
  Persil haché (30 mL)
- Jus de citron (40 mL)
  Vin rouge (1 verre)
- Filet de morue (900 g)
- Riz pilaf (voir recette p. 54)

Temps de préparation:	20 à 30 minutes
Temps de cuisson:	30 à 45 minutes
Rendement:	6 portions

Ustensiles

— chaudron
— couteau à émincer
— cuiller en bois
— cuiller à mesurer
— sauteuse avec couvercle
— spatule
— tasse à mesurer

Méthode

- Faire *sauter* les légumes et l'ail dans le beurre jusqu'à ce que les oignons soient transparents.
- *Singer* et cuire pendant 5 minutes.
- Ajouter les tomates et *mouiller* avec le fumet de poisson ou du bouillon.
- Ajouter les épices.
  — Couvrir et laisser mijoter pendant 30 minutes.
- Ajouter le jus de citron et le vin rouge.
  — Cuire pendant encore 30 minutes.
- Ajouter la morue coupée en cubes de 5 cm et cuire pendant 15 minutes.
- Servir avec du riz pilaf disposé autour de la chaudrée.

Éperlans frits, sauce tartare

Ingrédients
- Éperlan (900 g)
- Appareil pour paner (voir recette p. 177) (6 portions)
- Sauce tartare (voir recette p. 188) (250 mL)
- Citron en quartiers (1 unité)

Temps de préparation: 15 minutes
Temps de cuisson: 10 à 15 minutes
Rendement: 6 portions

Ustensiles
— cuiller trouée
— cul de poule (bol à mélanger)
— papier absorbant
— poêle à frire

Méthode
- Laver les éperlans et bien les essuyer avec un papier absorbant.
- Les *paner à l'anglaise*.
    - Les frire à 185°C de 5 à 7 minutes, jusqu'à ce que les éperlans soient bien dorés.
    - Servir immédiatement ou garder au four à 95°C, à découvert, jusqu'au moment de servir.
- Accompagner de sauce tartare et d'un quartier de citron.

Les éperlans frits ne se congèlent pas.

Pour les réchauffer, les plonger quelques secondes dans de l'huile très chaude.

Pétoncles amandines

Ingrédients
- Pétoncle (750 g)
- Farine (125 mL)
  Sel (au goût)
  Poivre (au goût)
- Beurre (90 mL)
- Amande effilée (375 mL)
- Jus de citron (45 mL)

Temps de préparation: 15 à 20 minutes
Temps de cuisson: 15 à 20 minutes
Rendement: 6 portions

Ustensiles

— couteau à émincer
— cuillers à mesurer
— cul de poule (bol à mélanger)
— poêle
— spatule
— tasse à mesurer

Méthode

- Si les pétoncles sont très grosses, les couper en 2. Les pétoncles surgelées doivent être parfaitement décongelées.
- Mélanger la farine, le sel, le poivre et fariner légèrement les pétoncles de ce mélange.
- Les faire dorer dans le beurre chaud.
    — Les retirer de la poêle et les garder au chaud.
- Si nécessaire, ajouter un peu de beurre dans la poêle et y faire griller les amandes, en remuant.
- Ajouter le jus de citron et remuer.
- Verser sur les pétoncles.

On peut accompagner ce plat de riz au cari.

LES VIANDES

De nos jours, la viande, élément central du repas dans la plupart des cas, est aussi un des éléments les plus coûteux de celui-ci. Par ailleurs, une viande mal cuite ou desséchée et voilà tout un repas raté. Il faut donc attacher une attention particulière au mode de cuisson et cela, en fonction de la nature et de la catégorie de viande utilisée.

Il existe divers modes de cuisson; les procédés de base sont les rôtis, les grillades, les bouillis, les braisages, la friture et la cuisson à la vapeur.

Si l'on veut que la viande soit cuite à point, il faut tenir compte de la température du four en même temps que de la durée de cuisson. Une côte de boeuf, par exemple, pourra être encore saignante après une couple d'heures de cuisson à une température de 180°C, tandis qu'une heure et demie sera un temps suffisant si le four est à 220°C. Un morceau maigre devra être traité différemment d'un morceau gras, une viande avec l'os sera cuite autrement que celle qui est désossée, etc. Bien lire la recette est donc une précaution importante.

Qu'il s'agisse de boeuf, d'agneau ou de n'importe quelle autre viande, il est absolument nécessaire de laisser reposer, à couvert, une vingtaine de minutes, toutes les viandes rôties avant de les trancher; elles y gagneront en goût et en tendreté.

Si on désire apprêter un *rôti de côtes de boeuf*, il est avantageux de choisir les côtes les plus rapprochées de la surlonge, parce qu'elles sont moins grasses. Pour la cuisson, mettez-le dans votre casserole, le gras au-dessus et saupoudrez-le de gros sel; ce jus, en fondant, arrosera la viande.

Le *veau* doit être saisi, puis cuit à couvert pour éviter qu'il ne se dessèche. Il faut qu'il reste moelleux et doit pour cela être servi très légèrement rosé (ce qui ne veut pas dire saignant).

Les *steaks de boeuf* et les *côtelettes de veau* se prêtent parfaitement à la grillade; on les cuira donc sur la braise ou sous la source de chaleur de nos cuisinières électriques. Il en est de même pour les *brochettes*. Pour réussir ces dernières, il est préférable que les morceaux aient une épaisseur qui ne soit ni inférieure à 2 ou 3 cm, ni supérieure à 7 ou 8 cm, et elles seront meilleures si on les a fait mariner à l'avance.

La meilleure méthode pour cuire la viande consiste à sauter celle-ci à la poêle; il faut pour cela la saisir d'abord dans un corps gras, puis diminuer le feu. Ainsi cuits, les *steaks* et les *escalopes* seront parfaitement réussis, mais employez toujours une poêle qui ne soit pas trop grande, afin que la viande en recouvre tout le fond; de cette façon la matière grasse ne brûlera pas autour.

Pour déglacer la poêle, il faut dissoudre les sucs de viande avec un peu d'eau, de bouillon ou de vin, après avoir retiré le gras, indigeste et riche en cholestérol.

Il y a différentes manières de présenter la viande: on peut la transformer en pâtés, faire un pot-au-feu, un ragoût, un hachis, un boeuf à la mode, une blanquette. Ces plats sont plus économiques, tout en permettant une grande variété de présentations.

Il faut sortir la viande du réfrigérateur une demi-heure ou une heure avant la cuisson, pour qu'elle soit à la température de la pièce quand vous la mettrez à cuire.

La *cervelle de veau* est plus savoureuse que celle du porc. Il faut, comme pour toute préparation des abats, mettre la cervelle à dégorger dans de l'eau froide de 3 à 4 heures, avant de la pocher dans un court-bouillon légèrement vinaigré et aromatisé. Ensuite, on retirera la membrane fibreuse qui la recouvre.

Pour avoir plein succès avec le *foie de veau ou de boeuf*, il vaut mieux l'acheter non tranché. Faites-le tremper dans du lait salé un certain temps, puis passez-le sous l'eau froide pour enlever la peau qui le recouvre et qui durcit à la cuisson. Égouttez, tranchez, farinez, puis sautez le foie à feu moyen, dans moitié beurre moitié huile (l'huile empêche le beurre de brûler).

Le *jambon*, même s'il est excellent servi chaud, constitue aussi un mets de qualité lorsqu'il est présenté froid. Il peut être découpé à l'avance, remis en forme et recouvert d'une brillante gelée. Il doit nécessairement, dans ce cas, être cuit la veille et être gardé à refroidir dans son jus. Il se congèle, lui aussi.

Côté *volaille*, on trouve, outre les poules et les poulets, des faisans, des pigeons, des pintades, des cailles et des dindes. On trouve actuellement toutes ces volailles dans les fermes d'élevage du Québec. À ces possibilités s'ajoute le lapin qui, bien apprêté, est délicieux.

Les recettes de ce recueil s'en tiennent à la préparation du poulet, mais toute volaille peut être cuite de la même façon, avec une petite variante pour chacune.

Souvenez-vous:

— qu'avant de cuire la *volaille*, il faut en frotter l'intérieur et l'extérieur avec du sel;

— que votre *tourtière* sera moins grasse si vous employez moitié porc, moitié veau;

— que l'*agneau* ne doit pas être trop cuit; il faut qu'il garde un aspect rosé. Pour cela, il faut le saisir avant de le cuire. Ne pas oublier le temps de repos;

— qu'avant de cuire un *gigot*, on peut le frotter avec de la moutarde, de la menthe et de l'ail pour le parfumer;

— que le *pain de viande* sera plus réussi s'il cuit lentement; le gras ne fondra pas trop vite ainsi et on évitera le dessèchement.

VIANDES

1) Boeuf bourguignon

2) Pavé de boeuf

3) Blanc de volaille à la crème et aux champignons

4) Rôti de boeuf

5) Côtelettes de porc du Québec

6) Pain de viande

7) Gratin de lasagne verte

8) Jambon aux pommes et à l'érable (PHOTO)

9) Poule au chou

10) Rôti de porc

11) Gigot d'agneau du Bas-du-Fleuve

12) Escalope de veau au cheddar

13) Boeuf Stroganoff

14) Tourtière du Québec

15) Volaille favorite, sauce suprême

16) Pot-au-feu

17) Chapon rôti au jus

18) Pâté de poulet à l'anglaise

19) Cervelle de veau aux câpres

20) Émincé de volaille du gourmet

21) Rôti de veau

22) Langue de veau, sauce piquante

23) Boeuf à la roumaine

24) Piment farci à la viande

25) Boeuf à la russe

Boeuf bourguignon

Ingrédients

- *Lardon* (200 g)
- Boeuf en cubes (900 g)
- Oignon haché (250 mL)
  Gousse d'ail écrasée (1 unité)
- Fécule de maïs (30 mL)
- Eau (250 mL)
  Vin rouge (250 mL)
- Feuille de laurier (1 unité)
  Persil (1 bouquet)
  Thym (1 pincée)
  Sel (au goût)
  Poivre (au goût)

GARNITURE:
- Petit oignon blanc (250 mL)
  Sirop de maïs (30 mL)
- Champignon coupé en quatre (500 mL)
  Huile (15 mL)
- Persil haché (30 mL)

Temps de préparation: 30 minutes
Temps de cuisson: 2 à 3 heures
Rendement: 6 portions

Ustensiles

— casserole avec couvercle
— couteau à émincer
— cuiller en bois
— petit cul de poule (bol à mélanger)
— petite poêle en fonte
— poêle en fonte de 30 cm
— spatule en métal
— tasse à mesurer

Méthode

- Faire *revenir* les *lardons* jusqu'à ce qu'ils soient croustillants.
  — Retirer de la poêle et réserver.
- *Faire revenir* les cubes de boeuf dans la graisse des *lardons.*
- *Faire revenir* les oignons et l'ail avec la viande.
- Saupoudrer la viande de fécule de maïs; mélanger.
- *Mouiller* avec l'eau et le vin.
- Ajouter les assaisonnements.
  — Faire mijoter.

— Couvrir et cuire au four à 190°C de 2 1/2 à 3 heures.

GARNITURE:
- Faire chauffer les oignons dans le sirop de maïs pendant 5 minutes environ, jusqu'à ce que les oignons soient légèrement glacés.
- Faire *sauter* les morceaux de champignon dans l'huile.
    — Mélanger les *lardons* aux petits oignons et aux champignons.
    — Ajouter cette garniture au boeuf, 15 minutes avant la fin de la cuisson.
- Persiller et servir chaud.

Le boeuf bourguignon se conserve au congélateur pendant une durée maximale de 6 mois.

Pavé de boeuf

Ingrédients
- Entrecôte (900 g)
- Bacon (6 tranches)
- Vin blanc (60 mL)
- Sel (au goût)
  Poivre (au goût)

GARNITURE:
- Fond d'artichaut en conserve (12 unités)
  Beurre (45 mL)
  Jus de citron (40 mL)
  Sel (au goût)
  Poivre (au goût)
  Persil haché (facultatif) (au goût)
  Cresson en bouquet (au goût)

Temps de préparation: 20 minutes
Temps de cuisson: 7 à 8 minutes
Rendement: 6 portions

Ustensiles
— couteau à émincer
— couteau d'office
— cuillers à mesurer
— cure-dents
— ficelle
— tasse à mesurer

Méthode
- Détailler l'entrecôte de façon à obtenir 6 morceaux d'environ 2 cm d'épaisseur, 10 cm de diamètre et pesant environ 150 g chacun.
- Entourer chaque morceau de boeuf d'une tranche de bacon.
    — Les déposer sur une grille et faire griller au four («broil») à 230°C selon le degré de cuisson désiré.

Note: Placer une lèchefrite sous la grille. Laisser la porte du four entrouverte durant la cuisson.

- *Dégraisser* la lèchefrite et la *déglacer* au vin blanc.
- Vérifier l'assaisonnement.
- *Napper* les morceaux de viande avec ce jus de cuisson.

GARNITURE:
- Faire *sauter* les fonds d'artichauts dans le beurre. Arroser de jus de citron. Assaisonner et décorer de persil et de cresson.
- Servir chaud en accompagnement du boeuf.

Blanc de volaille à la crème et aux champignons

Ingrédients
- Poitrine de poulet (6 unités)
- Sel (au goût)
  Poivre (au goût)
- Oeuf battu (1 unité)
  Farine (quantité suffisante)
- Beurre (30 mL)
  Huile (30 mL)
- Champignon frais émincé (250 mL)
  Beurre (45 mL)
  Sel (au goût)
  Poivre (au goût)
- Vin blanc (60 mL)
- Crème à 35 % (375 mL)

Temps de préparation: 20 à 25 minutes
Temps de cuisson: 12 à 15 minutes
Rendement: 6 portions

Ustensiles
— couteau à émincer
— couteau d'office
— cul de poule (bol à mélanger)
— fouet
— papier absorbant
— pince
— plaque allant au four
— poêle
— tasse à mesurer

Méthode
- Enlever la peau des poitrines de poulet et les désosser.
- Éponger les poitrines et les assaisonner.
- Passer d'abord dans l'oeuf battu, puis dans la farine.
- Faire *sauter* les poitrines dans le beurre et l'huile.
  — Continuer la cuisson au four à 180°C de 5 à 7 minutes environ.

- — Retirer du four, garder la volaille au chaud.
- Pendant ce temps, faire *sauter* les champignons dans le beurre et les assaisonner.
- *Déglacer* au vin blanc la poêle de cuisson des poitrines.
  - Ajouter les champignons.
- *Crémer* et laisser mijoter jusqu'à la consistance d'une sauce.
  - *Napper* l'assiette de cette sauce et y déposer les blancs de volaille.
- Servir chaud.

Cette recette est excellente accompagnée d'un légume vert tel que des asperges, des fèves vertes ou des choux de Bruxelles.

Rôti de boeuf

Ingrédients

- Huile (quantité suffisante)
  Boeuf à rôtir (900 g)
- Oignon émincé (250 mL)
- Farine (30 mL)
  Moutarde (15 mL)

- Sel (au goût)
  Poivre (au goût)
- Huile (quantité suffisante)
- Bouillon de boeuf (250 mL)
  Vin rouge (facultatif) (60 mL)

Temps de préparation: 15 minutes
Temps de cuisson: 30 à 35 minutes
Rendement: 6 portions

Ustensiles
— couteau à émincer
— couteau d'office
— cuiller en bois
— lèchefrite
— saucière
— tamis ou chinois étamine
— tasse à mesurer

Méthode
- Huiler légèrement la viande sur toutes ses faces.
  — La faire *saisir* dans un four chaud à 230°C, pendant 15 minutes.
- Déposer les oignons dans le fond de la casserole.
- Bien mélanger la farine, la moutarde, le sel et le poivre.
  — En saupoudrer la viande et la faire cuire au four à 170°C, selon la cuisson désirée.
- Badigeonner d'huile, si nécessaire, en cours de cuisson.
  — Retirer la viande et la laisser reposer à la température ambiante de 10 à 12 minutes.

Darne de flétan au beurre d'anchois, voir recette p. 50 ▷

- Faire *pincer* les sucs de viande.
- *Dégraisser*.
• *Déglacer* avec le bouillon de boeuf ou le vin rouge.
  - Faire mijoter.
  - Vérifier l'assaisonnement.
  - *Passer* au chinois.
• Servir cette sauce chaude en saucière, avec la viande tranchée juste au moment de servir.

Pour réchauffer le reste de la viande, bien l'envelopper dans du papier d'aluminium et la placer au four à 95°C.

Côtelettes de porc du Québec

Ingrédients

- Côtelette de porc (1,2 kg)
  Huile (15 mL)
- Sel (au goût)
  Poivre (au goût)

- Échalote verte émincée (60 mL)
  Ail haché (1 gousse)
- Vin blanc (60 mL)
- Persil haché (15 mL)

Temps de préparation: 15 minutes
Temps de cuisson: 12 à 15 minutes
Rendement: 6 portions

Ustensiles

— couteau à émincer
— couteau d'office
— cuiller en bois
— pince
— plat allant au four
— poêle
— tasse à mesurer

Méthode

• Faire cuire les côtelettes dans l'huile.
• Assaisonner.
  — Garder au chaud.
• *Faire revenir* les échalotes et l'ail dans le gras de cuisson.
  — *Dégraisser*.
• *Déglacer* avec le vin blanc.
  — Laisser mijoter de 1 à 2 minutes.
  — Vérifier l'assaisonnement.
  — *Napper* les côtelettes de cette sauce.

◁ *Jambon aux pommes et à l'érable, voir recette p. 68*

- Persiller.
- Servir chaud.

Ces côtelettes se congèlent très facilement.

Pain de viande

Ingrédients

- Oignon haché (175 mL)
  Céleri en petits dés (175 mL)
  Beurre (45 mL)
- Boeuf haché (900 g)
  Oeuf (2 unités)
  Chapelure (125 mL)

  Crème de tomates (125 mL)
  Sel (au goût)
  Poivre (au goût)
- Crème de tomates (125 mL)
  Eau (60 mL)
  Moutarde sèche (5 mL)

Temps de préparation: 10 à 15 minutes
Temps de cuisson: 1 heure
Rendement: 6 portions

Ustensiles

— couteau à émincer
— couteau d'office
— cuiller en bois
— cul de poule (bol à mélanger)
— moule à pain (2 litres)
— petite sauteuse ou petite poêle
— tasse à mesurer

Méthode

- Faire cuire les oignons et le céleri dans le beurre de 3 à 4 minutes.
  — Laisser tiédir.
- Bien mélanger le boeuf haché, les oeufs, la chapelure, la crème de tomates, le sel et le poivre.
  — Déposer ce mélange dans un moule rectangulaire de 2 litres.
  — Tasser légèrement la viande pour enlever les bulles d'air.
  — Cuire au four à 190°C pendant environ 1 heure.
- 20 minutes après le début de la cuisson, arroser avec la moitié de la crème de tomates diluée avec de l'eau et assaisonner de moutarde sèche.
  — Continuer la cuisson en arrosant quelquefois avec le reste de la crème de tomates diluée.
  — Trancher.
- Servir chaud ou froid.

Ce pain de viande se congèle très facilement.

On peut le servir froid lors des collations, ou en sandwiches.

Gratin de lasagne verte

Ingrédients

SAUCE:
- Oignon haché (60 mL)
  Carotte hachée (175 mL)
  Céleri haché (125 mL)
  Beurre (60 mL)
- Gousse d'ail hachée (1 unité)
  Boeuf haché (250 g)
- Tomate concassée (800 mL)
  Basilic (3 mL)
  Origan (3 mL)
  Sel (au goût)
  Poivre (au goût)

BÉCHAMEL:
- Béchamel (voir recette p. 186) (375 mL)
- Sel (au goût)
  Muscade (au goût)
- Cheddar doux râpé (60 mL)

PÂTE:
- Pâte à lasagne (300 g)
  Eau (2 L)
  Sel (au goût)
  Huile (30 mL)

GARNITURE:
- Mozzarella tranché mince (250 g)
- Beurre (45 mL)

Temps de préparation: sauce: 25 minutes
béchamel: 10 minutes
pâte: —
lasagne: 15 minutes

Temps de cuisson: sauce: 1 à 1 1/2 heure
béchamel: 10 minutes
pâte: 7 à 8 minutes
lasagne: 40 minutes

Rendement: 6 portions

Ustensiles
— couteau à émincer
— couteau d'office
— cuiller en bois
— cuiller à mesurer
— marmite de 1 litre
— marmite de 5 litres
— moule à gratin
— passoire
— râpe
— tasse à mesurer

Méthode

SAUCE:
- *Faire suer* les légumes dans le beurre.
- Ajouter l'ail et le boeuf et *faire revenir* quelques minutes.
- Ajouter la tomate et les assaisonnements.
  — Laisser mijoter de 1 heure à 1 heure 30 environ.

BÉCHAMEL:
- Préparer une sauce béchamel.
- Bien remuer et ajouter les assaisonnements.
- Incorporer le fromage et la béchamel chaude.

PÂTE:
- Cuire les pâtes à l'eau bouillante salée additionnée d'huile, de 7 à 8 minutes.

LASAGNE:
- Superposer dans un moule à gratin la sauce à la viande, la béchamel et les pâtes jusqu'à épuisement, en terminant par la béchamel.
- Couvrir de fines tranches de mozzarella.
- Parsemer de noisettes de beurre.
  — Faire cuire au four à 180°C pendant 30 minutes et terminer à 250°C pendant environ 5 minutes pour faire *gratiner*.

Jambon aux pommes et à l'érable

Ingrédients
- Jambon (3,6 kg environ)
- Clou de girofle (au goût)
- Moutarde sèche (45 mL)
  Sucre d'érable râpé (375 mL)
- Eau d'érable ou jus de pomme (1 L)
- Pomme (6 unités)
- Beurre (quantité suffisante)
  Sucre d'érable râpé (60 mL)
- Fécule de maïs (30 mL)
  Eau froide (quantité suffisante)
- Poivron rouge (quantité suffisante)
- Bouquet de persil (au goût)

Temps de préparation: 15 à 20 minutes
Temps de cuisson: 3 heures
Rendement: 6 portions

Ustensiles
— casserole
— couteau à trancher

- cuillers à mesurer
- louche
- sauteuse ou poêle
- spatule
- tasse à mesurer

Méthode

- *Parer* le jambon, si nécessaire.
  - Pratiquer plusieurs incisions en forme de losange à la surface du jambon.
- Piquer des clous de girofle au centre des losanges.
- Mélanger la moutarde avec le sucre d'érable.
  - Recouvrir le jambon de ce mélange.
- Mettre l'eau d'érable ou le jus de pomme dans une casserole.
  - Y déposer le jambon.
  - Amener à ébullition.
  - Couvrir et continuer la cuisson au four à 190°C de 2 1/2 à 3 heures environ. Pendant la cuisson, arroser à quelques reprises le jambon avec le jus de cuisson.
  - Finir la cuisson du jambon à découvert, afin de le faire dorer.
- Enlever le coeur des pommes.
  - Découper les pommes en rondelles de 1 cm d'épaisseur.
- Faire fondre le beurre avec le sucre d'érable dans une casserole.
  - Ajouter les pommes et les faire dorer des 2 côtés.
  - Garder au chaud pour garnir le jambon.
  - Retirer le jambon du four et *dégraisser* le fond de cuisson.
- Garder le jus de cuisson et l'épaissir avec la fécule de maïs préalablement délayée dans un peu d'eau froide.
  - Découper le jambon en tranches.
  - *Napper* de sauce le fond des assiettes.
  - Déposer une tranche de jambon et quelques tranches de pommes cuites dans chaque assiette.
- Garnir le centre des pommes d'une rondelle de poivron rouge et décorer la tranche de jambon avec des rondelles et des lanières de poivron rouge (*voir photo*).
- Décorer d'un bouquet de persil.

Le jambon peut être servi froid, en sandwiches, en croquettes ou en blanquette sur une rôtie.

Poule au chou

Ingrédients

- Poule (2 kg environ)
- Céleri haché (1 branche)
  Carotte hachée (1 unité)
  Oignon haché (1 unité)
  Sel (au goût)
  Clou de girofle (2 unités)
  Feuille de laurier (1/2 unité)
  Thym (1 pincée)
  Poivre (au goût)
- Vin blanc (125 mL)
  Eau froide (quantité suffisante)
- Petit chou vert (1 unité)
  Petit oignon (6 unités)
- Farine (60 mL)

Temps de préparation: 20 à 30 minutes
Temps de cuisson: 1 1/2 heure
Rendement: 6 portions

Ustensiles

— couteau économe
— couteau à émincer
— cuiller à mesurer
— cul de poule (bol à mélanger)
— marmite
— passoire fine
— tasse à mesurer

Méthode

- Vider, nettoyer et *brider* la volaille.
  — La déposer dans une marmite.
- Ajouter les légumes hachés et les assaisonnements.
- *Mouiller* avec le vin blanc et une quantité suffisante d'eau froide pour couvrir la volaille.
  — Amener à ébullition et laisser mijoter pendant 45 minutes.
  — Retirer la volaille et *passer* le bouillon de cuisson.
  — Remettre la poule et le bouillon dans la marmite.
- Ajouter le chou en quartier et les petits oignons.
  — Continuer la cuisson pendant encore 20 minutes.
  — Retirer la poule et les légumes de la marmite et les garder au chaud.
- Délayer la farine dans 100 mL de bouillon de cuisson refroidi.
  — Amener 500 mL de bouillon à ébullition et le *lier* avec la farine délayée.
  — Laisser mijoter de 20 à 25 minutes.
  — *Passer* la sauce au chinois.
  — Vérifier l'assaisonnement.
  — Découper la volaille en portions individuelles et la servir chaude avec les légumes.
  — Verser la sauce chaude sur le tout.

Garder le reste du bouillon de cuisson pour un autre usage.

Rôti de porc

Ingrédients

RÔTI DE PORC:
- Longe de porc (2,3 kg à 2,8 kg)
- Oignon haché (1 unité)
  Gousse d'ail hachée (2 unités)
- Eau chaude ou bouillon de boeuf (quantité suffisante)
- Petit oignon (au goût)
  Persil (au goût)

GRAISSE DE RÔTI:
- Couenne et gras du rôti
  Jus de cuisson
- Bouquet garni (1 unité)
  Sel (au goût)
  Poivre (au goût)

Temps de préparation: 15 à 20 minutes
Temps de cuisson: environ 4 heures
Rendement: 6 portions

Ustensiles

— chaudron en fonte
— couteau à émincer
— couteau d'office
— cuiller en bois
— moules
— tamis ou chinois

Méthode

RÔTI DE PORC:
- *Dégraisser* le morceau de porc de façon à ne laisser que 2 cm de gras. Réserver le gras enlevé.
  — *Chauffer à blanc* un chaudron en fonte, y déposer la viande, du côté de la graisse d'abord.
  — Laisser fondre la graisse et faire brunir la viande de tous les côtés.
- Ajouter l'oignon et l'ail, et *faire revenir.*
- *Mouiller* avec juste assez d'eau chaude ou de bouillon de boeuf pour que la viande repose dans 2 cm de liquide.
  — Couvrir et cuire à petit feu (180°C) jusqu'à parfaite cuisson, soit pendant environ 4 heures.
- Servir le rôti chaud dans une assiette ovale, entouré de petits oignons cuits et de persil; ou découper la viande en tranches et servir froide accompagnée de graisse de rôti froide.

GRAISSE DE RÔTI:
- Ajouter le gras gardé en réserve au jus de cuisson de porc.
- Ajouter un *bouquet garni*, une feuille de laurier, du sel, du poivre et laisser réduire de moitié.
  — Vérifier l'assaisonnement et *passer.*
  — Verser dans des moules individuels passés à l'eau froide.
  — Laisser prendre au réfrigérateur.

Le rôti est meilleur cuit dans un chaudron de fer; à défaut, utiliser une marmite avec un couvercle.

Il vaut mieux que le porc soit trop cuit que pas assez.

Gigot d'agneau du Bas-du-Fleuve

Ingrédients

- Gigot d'agneau (1,5 kg)
- Moutarde sèche (5 mL)
  Sel d'ail (5 mL)
  Menthe séchée (10 mL)
- *Mirepoix*:
  — carotte hachée (60 mL)
  — oignon haché (60 mL)
  — céleri haché (45 mL)
  Sel (au goût)
  Poivre (au goût)
  Feuille de laurier (1/4 unité)
  Thym (1 pincée)
- Vin rouge sec (250 mL)

Temps de préparation: 5 à 10 minutes
Temps de cuisson: 1 à 1 1/2 heure
Rendement: 6 portions

Ustensiles

— chinois étamine
— couteau à émincer
— cuiller en bois
— cuiller à mesurer
— marmite ou lèchefrite
— petit cul de poule (petit bol à mélanger)
— saucière
— tasse à mesurer

Méthode

- *Parer* le gigot.
- Mélanger la moutarde, le sel d'ail et la menthe.
  — Saupoudrer le gigot de ce mélange sur toutes ses faces.
  — Déposer le gigot dans une lèchefrite ou une marmite, en plaçant la partie grasse en dessous.
  — Cuire au four à 170°C de 1 heure à 1 heure 30, selon le degré de cuisson désiré.
- Ajouter la *mirepoix* et les assaisonnements 20 minutes avant la fin de la cuisson.
  — Retirer le gigot de la marmite et le garder au chaud.
  — Faire *pincer* les sucs de viande caramélisés au fond de la marmite.
  — *Dégraisser*.

- *Mouiller* au vin rouge.
  — Amener à ébullition et laisser mijoter de 5 à 7 minutes.
  — *Passer* au chinois fin et servir cette sauce en saucière.
- Servir l'agneau en tranches individuelles ou le présenter en gigot dans un plat de service.

De préférence, l'agneau doit être cuit rosé, si l'on veut que la viande conserve toute sa saveur.

Cette viande peut être congelée.

On peut la servir froide.

Une salade d'épinards accompagne très bien ce plat.

Escalope de veau au cheddar

Ingrédients

- *Escalope* de veau de 150 g (6 unités)
- Sel (au goût)
  Poivre (au goût)
- Farine (quantité suffisante)
  Oeuf (1 unité)
  Chapelure (125 mL)
  Cheddar doux râpé (90 mL)

- Beurre (45 mL)
  Huile (45 mL)
- Champignon émincé (500 mL)
- Vin blanc (60 mL)
- Bouillon de veau (125 mL)
- Persil (au goût)

Temps de préparation: 15 à 20 minutes
Temps de cuisson: 15 à 20 minutes
Rendement: 6 portions

Ustensiles

— couteau à émincer
— cuiller à mesurer
— cul de poule (bol à mélanger)
— pinces
— poêle
— râpe
— saucière
— tasse à mesurer

Méthode

- Aplatir les *escalopes* avec le côté plat d'un gros couteau.
- Assaisonner.
- Tremper successivement les *escalopes* dans la farine, l'oeuf battu et le mélange de chapelure et de cheddar râpé.

- Faire cuire les *escalopes* dans le beurre et l'huile.
  — Retirer de la poêle et garder au chaud.
- Faire sauter les champignons dans le gras de cuisson des *escalopes*.
  — *Dégraisser* la poêle si nécessaire.
- *Déglacer* au vin blanc.
- *Mouiller* avec le bouillon de veau.
  — Amener à ébullition et laisser mijoter de 2 à 3 minutes.
  — Vérifier l'assaisonnement.
- Servir les *escalopes* chaudes avec la sauce en saucière.
- Garnir de persil.

Les *escalopes* se réchauffent très bien au four à 120°C.

Boeuf Stroganoff

Ingrédients

- Filet de boeuf (675 g)
- Sel (au goût)
  Poivre (au goût)
- Beurre (90 mL)
  Oignon haché (2 unités)
  Champignon en quartiers (285 mL)
- Crème sure (30 mL)
  Farine (15 mL)
  Moutarde (1 pincée)
  Jus de citron (15 mL)
- Crème à 35 % (125 mL)

Temps de préparation: 15 à 20 minutes
Temps de cuisson: 1 1/2 à 2 heures
Rendement: 6 portions

Ustensiles

— casserole avec couvercle (2 litres)
— couteau à émincer
— cuiller en bois
— cuillers à mesurer
— culs de poule (bols à mélanger)
— spatule
— tasse à mesurer

Méthode

- Tailler la viande en petites bandes de 5 cm de longueur et assaisonner.
- Faire fondre le beurre dans une poêle et y *faire revenir* les oignons d'abord, puis les champignons.

- Ajouter la viande et la faire *rissoler* à feu vif pendant 5 minutes environ.
• Mélanger la crème sure avec la farine, la moutarde et le jus de citron et verser dans la casserole.
- Brasser vivement, couvrir la casserole et laisser mijoter sur le feu jusqu'à ce que la viande soit tendre, ou cuire au four à 190°C de 1 h à 1 h 30.
• Retirer du feu et ajouter la crème fraîche juste avant de servir.

On peut utiliser du boeuf dans d'autres parties, comme la surlonge ou la côte croisée.

Choisir de préférence des champignons frais; ils sont plus parfumés.

Le boeuf peut être préparé la veille et cuit le lendemain.

À défaut de crème, utiliser du yogourt nature.

Tourtière du Québec

Ingrédients

- Beurre (60 mL)
  Oignon haché (1 unité)
  Gousse d'ail hachée (1 unité)
- Porc haché (750 mL)
  Bouillon de poulet (500 mL)
  Épices mélangées (5 mL)
  Cannelle (5 mL)
- Poulet de 1,4 à 1,8 kg (1 unité)
- Clou de girofle (1 unité)
  Cannelle (1 pincée)

- Sel (au goût)
  Poivre (au goût)
  Céleri haché (1 branche)
  Carotte émincée (1 unité)
  Persil haché (au goût)
- Chapelure (125 mL)
- Pâte brisée (voir recette p. 183) 500 g ou 2 *abaisses*

Temps de préparation: 30 à 35 minutes
Temps de cuisson: 2 heures
Rendement: 6 portions

Ustensiles

- assiette à tarte de 23 cm
- casserole avec couvercle
- ciseaux
- couteau de boucher
- couteau à émincer
- couteau d'office
- couteau à pâtisserie
- cuiller en bois
- cuiller à mesurer

Méthode

- Faire *sauter* l'oignon et l'ail dans le beurre.
- Ajouter le porc haché, le bouillon et les épices, et laisser cuire pendant 1 heure.
- Couper le poulet en morceaux, le *faire revenir* dans du gras.
- Ajouter les assaisonnements, le céleri, la carotte et le persil, et laisser cuire.
  - Désosser le poulet cuit, le couper en cubes et l'ajouter au porc cuit.
- Ajouter la chapelure et vérifier l'assaisonnement.
- Verser dans une *abaisse* de pâte brisée de 23 cm, non cuite.
  - Recouvrir d'une autre *abaisse*, faire des petites incisions à la surface.
  - Cuire la tourtière dans le bas du four à 200°C pendant une dizaine de minutes, puis diminuer la température à 180°C et cuire jusqu'à ce que la pâte soit bien dorée.

On peut faire congeler la tourtière dans une pâte non cuite: bien faire refroidir la viande avant de la déposer dans l'*abaisse*; au moment de l'utiliser, la déposer congelée dans un four froid et chauffer le four jusqu'à 120°C. Une fois qu'elle est décongelée, la cuire selon les degrés indiqués dans la recette.

Ne pas piquer l'*abaisse* afin que la graisse ne s'écoule pas.

Volaille favorite, sauce suprême

Ingrédients

FARCE:
- Lard gras en cubes (60 mL)
- Oignon haché (1 unité)
  Céleri haché (3 branches)
- Porc haché (450 g)
- Mie de pain (500 mL)
  Sel (au goût)
  Poivre (au goût)
- Oeuf (1 ou 2 unités) (au besoin)

POULET:
- Poulet de 2,7 kg (1 unité)
- Jus de citron (40 mL)
- Bouillon (500 mL)
  Carotte en rondelles (1 unité)
  Persil (au goût)

- Cresson (quantité suffisante)
  Croûton doré (quantité suffisante)

SAUCE SUPRÊME
- Champignon émincé (125 mL)
  Beurre (15 mL)
  Jus de citron (40 mL)
- Farine (125 mL)
  Crème à 15 % (60 mL)
- Lait (250 mL)
  Bouillon de volaille (250 mL)
- Sel (au goût)
  Poivre (au goût)
- Beurre (70 mL)

Temps de préparation: 30 à 35 minutes
Temps de cuisson: 1 1/2 à 2 heures
Rendement: 6 portions

Ustensiles
— aiguille à brider
— chinois
— couteau à émincer
— couteau d'office
— cuiller en bois
— cul de poule (bol à mélanger)
— ficelle
— marmite
— plaque de cuisson
— poêle
— tasse à mesurer

Méthode

FARCE:
- Faire rôtir les cubes de lard dans une poêle très chaude.
- Ajouter l'oignon et le céleri et les *faire revenir* dans la graisse.
- Ajouter le porc haché et laisser cuire.
- Ajouter la mie de pain à la viande cuite et assaisonner.
- Retirer du feu et *lier* avec un ou deux oeufs.
  — Laisser refroidir.

POULET:
- Laver et vider la volaille.
- Frotter l'intérieur avec du jus de citron.
  — Farcir la volaille et la *brider*.
- La placer dans une marmite avec le bouillon, la carotte et le persil.
  — Cuire à couvert pendant 1 heure 30.
- Au moment de servir, *napper* d'une sauce suprême et garnir de cresson et de croûtons dorés.

SAUCE SUPRÊME:
- Faire *sauter* les champignons à découvert dans le beurre et le jus de citron pendant 5 minutes.
- Délayer la farine dans la crème.
- Faire chauffer le lait et le bouillon, ajouter la farine délayée et laisser épaissir en brassant continuellement.
- Assaisonner.
- Monter la sauce au beurre et ajouter les champignons cuits.
  — Garder la sauce au chaud au bain-marie jusqu'au moment de l'utiliser.

Servir avec du navet glacé coupé en julienne ou des choux de Bruxelles.

Vous pouvez garder les champignons, après que le jus ait été enlevé, et en faire une crème.

Avec les os du poulet, faire un fond blanc qui servira de bouillon pour un potage ou une soupe.

Pot-au-feu

Ingrédients

- Beurre (quantité suffisante)
- Ronde de boeuf (1 kg)
- Eau froide (1 L)
- Poireau en *julienne* (1 unité)
  Oignon en *julienne* (1 unité)
  Pomme de terre en cubes (3 unités)
  Thym (1 pincée)

  Feuille de laurier (1 unité)
  Clou de girofle (facultatif) (1 unité)
  GARNITURE:
- Carotte en bâtonnets (1 unité)
  Navet en bâtonnets (1 unité)
  Céleri en bâtonnets (1 branche)

Temps de préparation: 15 minutes
Temps de cuisson: 1 1/2 heure
Rendement: 6 portions

Ustensiles

— couteau à émincer
— couteau d'office
— cuiller en bois
— cul de poule (bol à mélanger)
— marmite
— spatule
— tamis

Méthode

- Faire chauffer un peu de beurre dans une marmite.
- Y déposer le boeuf et *saisir* à feu très vif.
- *Mouiller* avec l'eau froide.
  — Amener à ébullition et réduire ensuite à température moyenne.
  — Laisser mijoter ainsi pendant 1 h 45 environ.
- Ajouter alors les légumes et tous les assaisonnements.
  — Continuer la cuisson pendant 45 minutes environ, en laissant *frémir* à demi-couvert.
  — Retirer le boeuf et le trancher.
  — Déposer dans un plat de service.
- Garnir avec les légumes.

- *Passer* le bouillon, en vérifier l'assaisonnement et le verser sur le boeuf.

On peut faire cuire les pommes de terre séparément et les ajouter à la fin.

On peut remplacer les pommes de terre par des nouilles cuites dans le jus du pot-au-feu.

Chapon rôti au jus

Ingrédients

- Huile (60 mL)
- Oignon haché (60 mL)
  Beurre (60 mL)
- Romarin (1 pincée)
  Ketchup rouge (15 mL)

- Chapon de 2,3 kg (1 unité)
  Beurre (60 mL)
  Huile (60 mL)
- Sel (au goût)
  Poivre (au goût)
- Bouillon de volaille (500 mL)

Temps de préparation: 25 à 30 minutes
Temps de cuisson: 2 heures
Rendement: 6 portions

Ustensiles

— couteau à émincer
— cuiller à mesurer
— cul de poule (bol à mélanger)
— plat de service
— rôtissoire avec couvercle
— saucière
— tamis ou chinois
— tasse à mesurer

Méthode

- Huiler la rôtissoire.
- *Faire suer* l'oignon au beurre.
- Ajouter le romarin et le ketchup.
- Badigeonner le chapon de beurre et d'huile.
- Assaisonner.
  — Le placer dans la rôtissoire et rôtir à couvert au four à 200°C, pendant 1 heure 30.
  — Arroser avec le gras de la rôtissoire pendant la cuisson.
  — Enlever le couvercle et faire dorer pendant quelques minutes, si nécessaire.
  — Retirer le chapon de la rôtissoire et le garder au chaud.
  — *Décanter* le gras.

- *Mouiller* avec le bouillon de volaille et laisser mijoter pendant une quinzaine de minutes.
  — Vérifier l'assaisonnement et la couleur.
  — *Passer*.
- Présenter le chapon entier avec la sauce en saucière.

Avec le reste du chapon, on peut faire un pâté de chapon ou du chapon au riz.

La sauce d'airelles ou la gelée de pomme accompagne bien ce mets.

Des asperges, des brocolis, des fèves vertes ou une salade au chou se servent bien avec ce plat.

Pâté de poulet à l'anglaise

Ingrédients

- Beurre (quantité suffisante)
  Carotte émincée (1 unité)
  Oignon haché (1 unité)
- Pâte brisée (voir recette p. 183) (500 g ou 2 *abaisses*)
- Poulet cuit, en cubes (900 g)
- Champignon émincé (225 mL)
  Sel (au goût)

  Poivre (au goût)
  Cari (au goût)
- Velouté de volaille (voir recette p. 189) (1 L)
- Lait (60 mL)
  Oeuf (1 unité)

Temps de préparation: 30 à 35 minutes
Temps de cuisson: 1 1/2 heure
Rendement: 6 portions

Ustensiles

— cocotte ou moule en pyrex ou en aluminium
— couteau à émincer
— cuillers à mesurer
— cul de poule (bol à mélanger)
— rouleau à pâte
— tasse à mesurer

Méthode

- Faire *sauter* au beurre la carotte et l'oignon.
- *Foncer* le moule d'une *abaisse* de pâte brisée.
- Disposer les cubes de poulet dans le moule.
- Ajouter les légumes et les assaisonnements.

- *Napper* avec le velouté de volaille.
  — Couvrir d'une *abaisse* et faire des incisions à la surface de la pâte.
- Badigeonner de *dorure* (oeuf battu et lait).
  — Placer dans le bas du four et cuire à 190°C pendant environ 1 heure ou jusqu'à ce que la pâte soit bien dorée.
- Servir très chaud.

Les petits pois au beurre ou les brocolis accompagnent bien ce mets.

Si vous désirez utiliser moins de pâte, ne pas *foncer* le moule d'une *abaisse* mais en couvrir seulement le dessus du pâté.

Cervelle de veau aux câpres

Ingrédients

- Cervelle de veau (12 unités)
- Eau (2 L)
- Vinaigre (5 mL)
  Sel (au goût)
  Poivre (au goût)
  Persil haché (au goût)
  Jus de citron (40 mL)
  Oignon tranché (1 unité)
  Feuille de laurier (1/2 unité)

- Farine (175 mL)
  Sel (au goût)
  Poivre (au goût)
- Beurre (125 mL)
  Huile (60 mL)
- Câpres (125 mL)
- Vinaigre ou vin blanc (30 mL)
- Persil haché (1 pincée)
  Citron (2 unités)

Temps de préparation: 5 à 10 minutes
Temps de cuisson: 10 à 15 minutes
Rendement: 6 portions

Ustensiles

— couteau à émincer
— couteau d'office
— cuiller trouée
— grand cul de poule (bol à mélanger)
— marmite
— poêle
— tasse à mesurer

Méthode

- Faire *dégorger* les cervelles dans l'eau courante froide.
- Mettre l'eau dans une marmite.
- Ajouter le vinaigre, le sel, le poivre, le persil, le jus de citron, l'oignon et le laurier.

- Faire chauffer jusqu'à *frémissement*.
- Faire *pocher* les cervelles dans ce liquide de 5 à 10 minutes.
- Retirer les cervelles de la marmite et les laisser refroidir.
• Couper les cervelles en tranches minces, les fariner et les assaisonner.
• Faire fondre le beurre dans une poêle, ajouter l'huile; laisser chauffer et y faire *sauter* les tranches de cervelle.
- Les retirer et les placer dans une assiette de service.
• Répandre les câpres sur les tranches de cervelle.
- Garder au chaud.
• Faire une sauce avec les sucs caramélisés au fond de la poêle en y ajoutant du vinaigre ou du vin.
- *Napper* la viande de ce liquide.
• Servir chaud avec du persil haché et des tranches minces de citron.

Les betteraves, les aubergines sautées ou les piments à la napolitaine accompagnent bien ce mets.

Ne pas oublier que les cervelles doivent être bien lavées pour demeurer très blanches.

Émincé de volaille du gourmet

Ingrédients

- Pomme de terre cuite en purée (6 grosses unités)
- Poulet cuit émincé (375 mL) Champignon frais émincé (375 mL)
- Sauce Mornay (voir recette p. 187) (250 mL)
- Chapelure (30 mL)

Temps de préparation: 30 à 35 minutes
Temps de cuisson: environ 20 minutes
Rendement: 6 portions

Ustensiles

- coquille ou plat à gratin
- couteau à émincer
- cul de poule (bol à mélanger)
- tasse à mesurer

Méthode

• Faire une bordure de purée de pommes de terre dans des coquilles individuelles ou dans un plat à gratin.
• Remplir le centre avec le poulet et les champignons émincés.
• *Napper* généreusement de sauce Mornay.

- Parsemer de chapelure et *gratiner* au four à 180°C, pendant environ 20 minutes.

La ratatouille ou le chou braisé accompagnent bien ce plat.

Rôti de veau

Ingrédients

- Rôti de veau de 2,3 à 2,7 kg (1 unité)
- Beurre fondu (30 mL)
  Moutarde préparée (15 mL)
  Cassonade (15 mL)
  Vinaigre (15 mL)
  Cari (au goût)
- Barde (quantité suffisante)

SAUCE:
- Beurre (quantité suffisante)
- Bouillon de boeuf ou vin blanc (125 mL)
- Persil haché (15 mL)
  Céleri haché (125 mL)
- Farine (30 mL pour 250 mL de fond de cuisson)

Temps de préparation: 5 à 10 minutes
Temps de cuisson: 4 à 4 1/2 heures
Rendement: 6 portions

Ustensiles

— casserole
— couteau à émincer
— couteau à trancher
— cul de poule (bol à mélanger)
— lèchefrite
— saucière
— tamis ou chinois
— tasse à mesurer

Méthode

- Essuyer et *parer* la viande.
- Mélanger le beurre fondu, la moutarde, la cassonade, le vinaigre et le cari.
  — Frotter légèrement le rôti avec ce mélange.
- *Barder* le rôti.
  — Placer une grille dans une lèchefrite, y déposer le rôti et le cuire au four à 170°C pendant environ 4 heures.
  — Trente minutes avant la fin de la cuisson, retirer les bardes pour permettre à la viande de dorer également.
  — Retirer le rôti de la lèchefrite et le laisser refroidir avant de le trancher.

SAUCE:
- Enlever le fond de cuisson de la lèchefrite et le réserver.
- Chauffer le beurre dans la lèchefrite.
- *Déglacer* au bouillon ou au vin blanc.
- Ajouter le persil et le céleri.
- Délayer la farine dans le fond de cuisson réservé à cet effet.
  — Ajouter au déglaçage et faire bouillir le tout pendant 5 minutes.
- Servir cette sauce en saucière.

Le rôti de veau est presque toujours accompagné de pommes de terre brunes, cuites dans le jus du veau.

Le piment doux, les champignons sautés, la ratatouille, les courgettes ou les aubergines accompagnent bien cette viande.

Le reste de veau peut se servir froid, en blanquette, rissolé ou en galantine.

Langue de veau, sauce piquante

Ingrédients

- Langue de veau (2 unités)
  Eau (quantité suffisante)
  Jus de citron (quantité suffisante)
- Gousse d'ail émincée (1 unité)
  Thym (1 pincée)
- Beurre (60 mL)
  Oignon émincé (500 mL)
- Sel (au goût)
  Poivre (au goût)
- Vin blanc (30 mL)
- Persil (15 mL)

SAUCE PIQUANTE:
- Raifort râpé (15 mL)
  Vinaigre (5 mL)
  Bouillon de cuisson de la langue (125 mL)
  Consommé de poulet (1 cube)
  Sucre (5 mL)
  Moutarde sèche (15 mL)
  Tabasco (au goût)
  Sel (au goût)
  Poivre (au goût)

Temps de préparation:	10 à 15 minutes
Temps de cuisson:	2 à 3 heures
Rendement:	6 portions

Ustensiles

— cuiller à mesurer
— cuiller trouée
— cul de poule (bol à mélanger)
— marmite

- saucière
- sauteuse ou poêle
- spatule
- tasse à mesurer

Méthode

- Faire tremper les langues dans l'eau *acidulée* pendant environ 1 heure.
    - Mettre les langues dans une marmite et les couvrir d'eau.
- Ajouter l'ail et le thym.
    - Amener à ébullition et laisser mijoter pendant 2 heures.
    - Retirer les langues cuites de la marmite, les peler et les couper en tranches minces.
- Faire fondre le beurre et *faire revenir* les oignons.
    - Augmenter la température de cuisson et ajouter les langues.
    - Les faire *sauter* pendant 3 minutes.
- Saler et poivrer.
- *Mouiller* avec le vin.
- Persiller et servir chaud avec une sauce piquante.

SAUCE PIQUANTE:
- Mélanger tous les ingrédients.
    - Mettre sur le feu, porter à ébullition et laisser mijoter pendant 5 minutes à feu moyen.
- Servir chaud, en saucière.

Boeuf à la roumaine

Ingrédients

- Tranche de boeuf dans la ronde (6 tranches de 150 g chacune)
- Beurre (30 mL)
- Tomate concassée (250 mL)
  Bouillon (500 mL)
  Chou en quartiers (1/2 unité)
- Sel (au goût)
  Poivre (au goût)
- Macaroni (125 mL)
  Eau (500 mL)
  Sel (au goût)
- Persil (au goût)

Temps de préparation: 20 à 25 minutes
Temps de cuisson: 2 à 3 heures
Rendement: 6 portions

Ustensiles

- chaudron
- couteau à émincer

- cuiller à mesurer
- passoire
- petit chaudron
- spatule
- tasse à mesurer

Méthode
- *Parer* la viande.
- Faire chauffer le beurre dans un chaudron.
  — Y déposer la viande et la faire *saisir* de toutes parts.
- Ajouter les tomates, le bouillon et le chou.
- Assaisonner.
  — Laisser mijoter à couvert de 2 à 3 heures.
- Dix minutes avant la fin de la cuisson, ajouter le macaroni préalablement cuit dans l'eau salée.
- Décorer de persil et servir chaud.

On peut remplacer le macaroni par des nouilles ou du riz.

Les aubergines braisées, les courgettes, le navet ou les fèves jaunes accompagnent bien ce plat.

Piment farci à la viande

Ingrédients
- Piment doux, grosseur moyenne (6 unités)
- Eau bouillante (quantité suffisante)
  Sel (quantité suffisante)
- Boeuf, veau ou poulet haché (675 g)
  Beurre (45 mL)
  Oignon haché (1 unité)

Céleri haché (2 branches)
Sel (au goût)
Poivre (au goût)
- Chapelure (quantité suffisante)
- Beurre (quantité suffisante)
- Cheddar blanc ou jaune (quantité suffisante) (facultatif)

Temps de préparation: 10 à 15 minutes
Temps de cuisson: 20 à 25 minutes
Rendement: 6 portions

Ustensiles
- chaudron
- couteau à émincer
- couteau d'office
- cuiller en bois

- cuiller à mesurer
- plat allant au four ou cocotte
- sauteuse ou poêle

Méthode

- Couper les piments en deux et les *épépiner*.
- Les *blanchir* 2 à 3 minutes à l'eau bouillante salée.
  - Refroidir immédiatement au réfrigérateur.
- *Faire revenir* la viande hachée dans le beurre avec les oignons, le céleri et les assaisonnements.
  - Diviser ce mélange en portions égales et en farcir les piments.
- Couvrir de chapelure.
- Déposer des noisettes de beurre sur le dessus et faire cuire au four à 180°C de 10 à 15 minutes environ, puis augmenter la chaleur à 200°C pour *gratiner*.
- On peut aussi les couvrir de tranches de fromage blanc ou jaune au moment de *gratiner*.

On peut congeler le piment farci avant qu'il ne soit cuit. Au moment de l'utiliser, on le fait cuire au centre du four pour que la chaleur pénètre partout.

Une fois cuit, on peut ajouter au mélange 250 mL de riz cuit. On augmente ainsi le nombre de portions et la recette devient plus économique de cette façon.

Boeuf à la russe

Ingrédients

- Boeuf (pointe de surlonge) (900 g)
- Sauce soya (60 mL)
  Miel (30 mL)
  Bouillon de boeuf (125 mL)
  Sel (au goût)

Poivre (au goût)
Mélasse (15 mL)
Gousse d'ail (1 unité)
Marjolaine (au goût)
Jus d'oignon (15 mL)

Temps de préparation:	20 à 25 minutes
Temps de cuisson:	2 heures
Temps de macération:	4 heures
Rendement:	6 portions

Ustensiles

- couteau à trancher
- cuiller en bois

- cuiller à mesurer
- cul de poule (bol à mélanger)
- poêle en fer ou en fonte
- spatule
- tasse à mesurer

Méthode
- Détailler le boeuf en tranches très minces.
- Préparer une marinade avec tous les autres ingrédients.
  - Laisser *macérer* le boeuf pendant 4 heures.
  - Verser le tout dans une poêle en fer ou en fonte.
  - Cuire au four à 230°C d'abord, pendant 30 minutes, puis diminuer la chaleur à 170°C et continuer la cuisson pendant 1 heure 30.
- Servir bien chaud.

La laitue chinoise braisée, les fèves chinoises en salade avec vinaigrette ou les tomates au gratin accompagnent bien ce plat.

LES LÉGUMES

Les légumes devraient constituer une partie importante de notre alimentation, car ils sont d'une grande variété dans la nature et sont excellents pour la santé. Les légumes en feuilles se mangent crus ou cuits. On peut les faire cuire dans de l'eau bouillante salée, puis les passer à l'eau froide aussitôt après la cuisson. Ils peuvent également être cuits à la vapeur dans une marguerite.

Les *épinards* doivent être bien lavés. Enlever la nervure centrale des feuilles en la tirant vers le haut et laver les épinards plusieurs fois; les mettre ensuite à cuire sur feu vif sans les égoutter et sans ajouter d'eau, dans un récipient sans couvercle pour qu'ils gardent leur couleur. Ils sont très bons en salade avec un mélange de miel et de raisins.

La saison des *asperges* est très courte, il faut donc les acheter dès qu'elles apparaissent. Après les avoir épluchées et lavées, on les cuit en bottes, debout, pour préserver leurs têtes fragiles. L'eau de cuisson peut servir de base pour une crème.

La *laitue* fanée peut être utilisée aussi bien que la fraîche. On peut la couper finement et la braiser sans ajouter d'eau. Elle se présente bien avec des petits pois. La chicorée se prépare de la même façon.

Les *endives* peuvent être servies à l'étuvée ou braisées. Le coeur est amer, mieux vaut l'enlever en insérant la pointe fine d'un petit couteau dans la base et en découpant celle-ci d'un mouvement circulaire. Ne pas les laisser exposées à l'air, elles fanent très vite.

Les côtes extérieures du *céleri* sont plus filandreuses et plus coriaces; elles ont aussi un goût très prononcé. Il faut les faire cuire après les avoir coupées finement. Le céleri se sert bien seul, coupé en tronçons, ou avec d'autres légumes. Les côtes du centre sont excellentes braisées. On garde généralement les coeurs pour les consommer crus; les tremper dans l'eau très froide leur donne un croustillant agréable.

Pour ceux qui s'abstiennent d'en manger à cause des fibres, ce problème peut être facilement réglé: un couteau économe les enlève rapidement car elles sont en relief sur la côte. Conserver les feuilles qui serviront à préparer un bouillon.

Les légumes qui font partie de la famille des *oignons* se servent comme aliment ou comme aromates: ce sont, entre autres, les poireaux, les échalotes, les ciboules et l'ail.

L'*oignon* demande 10 minutes de cuisson; le piquer pour qu'il garde sa forme sans se défaire. L'éplucher sous le robinet.

Le *poireau*, même si ses feuilles sont compactes, doit être soigneusement lavé pour en éliminer le sable. On peut procéder de cette façon: tourner les feuilles vers le bas, pratiquer une incision avec un couteau pointu à environ 2 cm de la racine et le couper dans toute sa longueur. Recommencer une deuxième fois, puis une troisième et une quatrième si nécessaire afin que les feuilles soient bien séparées, puis les laver soigneusement sans le séparer complètement. Ne pas jeter les feuilles vertes, elles serviront à préparer un bouillon et aideront aussi à le clarifier.

L'*échalote sèche* est utilisée plutôt comme condiment. Hachée finement, elle se mêle à toutes les sauces, de même qu'aux salades.

La *ciboule* peut se manger crue ou braisée avec des légumes. (Ne pas confondre avec la ciboulette.)

L'*ail* a un goût et une odeur prononcés, mais il est précieux comme condiment. On peut le couper très finement ou l'écraser comme ceci: après avoir enlevé la fine pellicule qui entoure les gousses, on pose la lame d'un couteau à plat sur la gousse et on appuie fortement avec la paume de la main. Pour une meilleure digestibilité, enlever la petite feuille verte qui se trouve au coeur de la gousse. Prendre garde que l'ail ne brûle pas quand on le braise avec des légumes. Pour neutraliser l'odeur qu'il donne à l'haleine, mâcher un bouquet de persil après avoir consommé de l'ail.

Les légumes qui poussent sous la terre sont bien meilleurs en saison, mais comme ils se conservent bien, ils sont donc abondants en hiver. On pèle les *pommes de terre* et les *carottes* avec un couteau économe, ce qui permet de n'enlever qu'une fine pelure. Quand elles sont nouvelles, elles peuvent très bien être cuites avec leur peau, c'est une économie de temps. Si vous achetez les carottes avec leurs feuilles, il vaut mieux couper rapidement celles-ci. Les carottes se conserveront mieux et, avec les fanes (feuilles), on peut faire du consommé, une soupe ou une sauce.

Après avoir paré les *choux*, les *choux-fleur* ou les *brocolis*, on les fait tremper une bonne demi-heure dans de l'eau froide. Puis, on les cuit à l'eau bouillante et on les sert croquants. Pour le *chou vert* ou le *chou rouge* que l'on veut présenter en julienne, il faut enlever la partie centrale qui est dure. Il y a des gens qui aiment manger cette partie crue. Le *chou rouge* ne perdra pas sa couleur si on le braise arrosé d'un peu de vinaigre. Ils sont tous deux très bons aussi coupés en fines lanières et servis crus. Le *chou-fleur*, débarrassé de ses feuilles, cuira en quelques minutes. Bien le choisir cependant: il doit être blanc et sans taches. Il peut aussi se servir cru, mariné. On peut le présenter en sauce ou le rissoler: dans ce cas, on dépose les fleurs la tête en bas. Le *chou de Bruxelles* doit être petit, compact et vert pâle, une fois débarrassé de ses feuilles extérieures.

Le *salsifis* (ou scorsonère) est un légume dur; mieux vaut le blanchir avant de le cuire. Pour garder les salsifis bien blancs, les cuire à l'eau citronnée ou encore avec un blanc (mélange de farine, d'eau et de jus de citron). On cuit de la sorte également les fonds d'artichauts.

Pour une belle purée moelleuse, les *pommes de terre* doivent être réduites en purée sitôt la cuisson terminée et le lait utilisé doit être chaud.

La *betterave* doit être mise à cuire couverte d'eau froide. Ne coupez pas ses feuilles trop près de la racine, elle perdrait son jus et changerait de couleur, ayant ainsi moins de saveur. Il faut la cuire sans couvrir et ajouter de l'eau bouillante au fur et à mesure qu'elle s'évapore. Une fois cuite, la betterave s'épluchera aisément.

Le *panais* a une chair farineuse et a tendance à durcir quand la saison avance. Il faut alors en prolonger le temps de cuisson. Le *navet* a une chair croquante. Il ne faut pas le laisser cuire trop longtemps, il perdrait sa couleur pâle et sa digestion deviendrait plus difficile. Pour éviter qu'il ne soit amer, il faut enlever une bonne épaisseur de peau. De la même famille que le navet, la *rabiole* est un excellent légume qui se traite comme le navet.

Les *haricots verts* ou *jaunes* se retrouvent fréquemment sur nos tables. Ils sont très bons en été, frais cueillis; on peut s'en procurer aussi en hiver. On les épluche en coupant l'extrémité et en tirant le fil qui longe la cosse. Les *petits pois* nouveaux sont les meilleurs; ils sont les seuls que l'on puisse manger sans les écosser. Ils cuisent rapidement, on les appelle mange-tout. Plus la saison avance, plus les pois grossissent et plus longue est leur cuisson. Les plus gros sont bons en purée ou passés en crème. Il faut les écosser.

Le *blé d'Inde* doit être consommé sans tarder, car son sucre se change en amidon. Quand il est jeune, la cuisson ne prend qu'une dizaine de minutes; cuit ainsi, il reste tendre. En fin de saison, une vingtaine de minutes ne sont pas de trop. Les cuire à l'eau bouillante non salée.

Les *légumes-fruits* se prêtent à toutes sortes de préparations; la *tomate* en tête. On la sert nature, en conserve, en jus, en salade, en crème, avec des pâtes, de la viande, etc. Le *concombre* est rafraîchissant, on le consomme surtout cru. On le met en marinade, on le saute, on le braise, on le farcit. Pour le cuire, on enlève la pelure et les graines. Quant au *poivron*, après l'avoir coupé en deux, on le débarrasse de ses graines et de la membrane blanche, puis on le rince. Il peut être farci, coupé en lanières ou haché, et ajouté à d'autres légumes. L'*aubergine* se cuit sans être pelée. Il est facile de la frire dans une pâte à rissole ou de la cuire au four. Elle peut servir de base à un plat de légumes.

Les *herbes aromatiques* existent dans la nature en très grande variété. Les plus utilisées dans la cuisine courante sont le persil, le thym et le laurier, qui entrent dans la composition du bouquet garni. En été, la menthe verte, la sauge, le cerfeuil, la ciboulette et l'aneth sont faciles à trouver, mais comme ces herbes se fanent vite, elles doivent être utilisées sans tarder. Toutes les herbes aromatiques peuvent être avantageusement séchées à la maison. Une expérience à tenter: les faire pousser vous-même dans une jardinière, vous aurez des herbes fraîches tout l'hiver. Les *herbes fraîches* peuvent servir à la composition des herbes salées. C'est le cas de la sarriette, de la sauge, de la ciboulette, du cerfeuil et de la menthe. Parmi les herbes qu'on peut faire pousser toute l'année à la maison (culture hydroponique), puis faire sécher, on retrouve aussi le basilic, l'oseille et la marjolaine.

Les *courges* ont une forte teneur en eau. Les courges d'été, les courgettes par exemple, se cuisent sans être pelées ni épépinées, entières ou coupées en deux. D'autres, comme le potiron, ont une écorce qui n'est pas comestible. Les grosses courges doivent être pelées et épépinées avant d'être cuites. Quand elles sont petites, on peut les cuire avec leur écorce et ne consommer que l'intérieur.

On reconnaît les jeunes *artichauts* à leur tige qui est grosse par rapport à la tête. On enlève alors simplement les feuilles extérieures. Quant aux artichauts arrivés à maturité, on les cuit entiers dans de l'eau et on ne mange que le tendre des feuilles en les prenant, une à une, avec les doigts. Le fond et le coeur sont aussi délicieux.

Les *champignons* se conserveront bien si on les laisse dans leur contenant. Ne les mettez jamais dans une enveloppe de plastique. Ne les lavez pas; ils absorberaient trop d'eau; les essuyer seulement avec un linge humide. Versez ensuite quelques gouttes de citron sur chacun sans les asperger; sautez-les aussitôt et ils resteront blancs.

LÉGUMES

1) Pommes de terre duchesse

2) Piment à la napolitaine

3) Asperges et tomates au beurre

4) Choux de Bruxelles croustillants (PHOTO)

5) Betteraves en sauce veloutée

6) Aubergines à l'ail

7) Concombres à la crème

8) Brocoli à la milanaise

9) Chou braisé

10) Courgettes à la romaine

Pommes de terre duchesse

Ingrédients

- Pomme de terre (900 g)
  Eau (1 L)
  Sel (au goût)
- Jaune d'oeuf (1 unité)
- Muscade (au goût)
  Cheddar doux râpé (60 mL)
- Beurre (60 mL)

Temps de préparation: 10 à 15 minutes
Temps de cuisson: 30 à 35 minutes
Rendement: 6 portions

Ustensiles

— cuiller à mesurer
— cuiller trouée
— cul de poule (bol à mélanger)
— marmite
— plat allant au four
— poche et *douille* dentelée n° 8
— spatule en caoutchouc

Méthode

- Peler les pommes de terre et les faire cuire dans l'eau salée pendant 30 minutes.
  — Les égoutter.
  — Les réduire en purée et les assécher au four à 150°C pendant quelques minutes.
- *Lier* avec le jaune d'oeuf.
- Ajouter la muscade et le fromage râpé.
  — Dresser en dôme, à l'aide d'une poche munie d'une *douille* dentelée.
- *Napper* de beurre fondu.
  — *Gratiner* dans le haut du four à 230°C, en laissant la porte du four entrouverte.

Accompagne bien le jambon ou l'agneau.

Dans le temps de Pâques, on peut déposer la purée en forme de nid sur des croûtons grillés ou des biscottes, et remplir ce nid de légumes cuits au choix.

Piment à la napolitaine

Ingrédients

- Petite aubergine (2 unités)
- Gros oignon émincé (1 unité)
  Petite courgette émincée (2 unités)
  Piment vert émincé (1 unité)
- Tomate concassée (800 mL)
  Basilic (1 mL)
  Origan (1 mL)
  Gousse d'ail hachée (2 unités)
- Sel (au goût)
  Poivre (au goût)
  Petite feuille de laurier (1 unité)
  Thym (au goût)
  Persil (au goût)
  Condensé pour consommé de poulet (15 mL)
- Coeur d'artichaut (facultatif) (3 unités)

Temps de préparation: 20 à 25 minutes
Temps de cuisson: 1 heure
Rendement: 6 portions

Ustensiles

— couteau économe
— couteau à émincer
— couteau d'office
— cul de poule (bol à mélanger)
— papier métallique
— plat allant au four
— tasse à mesurer

Méthode

- Peler les aubergines et les couper en tranches de 1,5 cm d'épaisseur.
- Dans un plat allant au four, superposer par couches successives une tranche d'aubergine, des oignons, des courgettes et du piment jusqu'à épuisement des ingrédients.
- Chauffer les tomates avec les assaisonnements et le condensé pour consommé de poulet, non délayé.
  — Amener à ébullition et verser sur les légumes.
- Si désiré, garnir de coeurs d'artichauts.
  — Couvrir le tout d'un papier métallique et cuire au four à 175°C pendant environ 1 heure.

On peut disposer des tranches de fromage entre les différents légumes; *gratiner* alors au four, ce qui permet de servir ce plat comme mets principal.

On peut congeler après cuisson, mais pas avant. Pour réchauffer le plat, on le dépose au centre d'un four froid que l'on fait alors chauffer à 120°C.

Asperges et tomates au beurre

Ingrédients
- Tomate moyenne (12 unités)
- Sel (1 pincée)
- Marjolaine (5 mL)
- Olive tranchée (125 mL) Cornichon coupé finement (125 mL)
- Pointe d'asperge fraîche (450 g)
- Beurre (60 mL) Persil (au goût)

Temps de préparation: 20 minutes
Temps de cuisson: 15 à 20 minutes
Rendement: 6 portions

Ustensiles
— casserole
— couteau à émincer
— couteau d'office
— cuiller à dessert

Méthode
- Enlever une tranche sur le dessus des tomates.
  — Creuser légèrement l'intérieur afin de retirer la *pulpe* centrale.
- Saler l'intérieur des tomates et laisser égoutter.
- Saupoudrer d'un peu de marjolaine.
- Déposer des olives et des cornichons à l'intérieur.
- Disposer verticalement les pointes d'asperges dans les tomates.
  — Mettre au four à 180°C dans une casserole fermée pendant une quinzaine de minutes.
- Retirer du four, arroser d'un peu de beurre fondu et garnir de persil.

Avec les tiges d'asperges non utilisées, vous pouvez préparer une délicieuse crème.

Vous pouvez aussi les couper en morceaux et les faire *sauter* avec d'autres légumes.

Choux de Bruxelles croustillants

Ingrédients

- Chou de Bruxelles (2 paniers ou environ 500 mL)
- Eau froide (2 L) Sel (1 pincée)
- Eau bouillante (2 L) Sel (1 pincée)
- *Lardon* ou bacon (125 g)
- Poivre (au goût) Sucre (facultatif) (au goût)
- Persil haché (au goût)
- Rôties (facultatif) (quantité suffisante)

Temps de préparation: 10 minutes
Temps de cuisson: 15 à 20 minutes
Rendement: 6 portions

Ustensiles

— couteau à émincer
— couteau d'office
— cuiller en bois
— cul de poule de 3 litres (bol à mélanger)
— marmite
— plat de service
— sauteuse ou poêle
— spatule
— tasse à mesurer

Méthode

- Choisir des choux de Bruxelles verts et bien fermes.
  — Enlever les feuilles extérieures.
- Les faire tremper dans l'eau froide salée pendant 15 minutes.
  — Égoutter.
- Les cuire à l'eau bouillante salée, à couvert, de 15 à 20 minutes.
- Faire *sauter* les *lardons* et les ajouter aux choux cuits, ou faire *sauter* le bacon et entourer chaque chou de Bruxelles d'une tranche de bacon.
- Poivrer et sucrer légèrement (ce dernier ingrédient est facultatif).
- Garnir de persil.
- Servir très chaud avec des rôties, si désiré.

Le chou de Bruxelles peut aussi être servi avec une sauce vinaigrette; il accompagne bien le rosbif, le poulet et les viandes froides.

Betteraves en sauce veloutée

Ingrédients
- Sucre (125 mL)
  Fécule de maïs (15 mL)
  Vinaigre blanc ou vin (60 mL)
  Jus de betterave (60 mL)

- Betterave ronde ou tranchée cuite (12 petites)
- Beurre (45 mL)

Temps de préparation: 10 à 15 minutes
Temps de cuisson: 30 à 35 minutes
Rendement: 6 portions

Ustensiles
— couteau d'office
— cuiller à mesurer
— cul de poule (bol à mélanger)
— marmite (sauteuse)
— tasse à mesurer

Méthode
- Mélanger le sucre, la fécule de maïs, le vinaigre et le jus de betterave froid.
  — Amener à ébullition et laisser bouillir en brassant pendant environ 5 minutes.
  — Retirer la marmite du feu.
- Ajouter immédiatement les betteraves et laisser *mariner* pendant 30 minutes.
- Au moment de servir, ajouter le beurre et amener à ébullition.
- Servir chaud.

On peut servir ces betteraves en accompagnement d'un gigot d'agneau, d'un rôti de veau ou d'un poulet rôti.

On peut utiliser des betteraves en conserve pour réaliser la recette.

Pour faire cuire les betteraves fraîches, les placer dans l'eau froide dans une casserole non couverte; amener à ébullition et laisser bouillir jusqu'à complète cuisson; les laisser refroidir dans leur jus.

On peut conserver les betteraves cuites dans du vinaigre.

Aubergines à l'ail

Ingrédients

- Aubergine (500 g)
- Huile (30 mL)
  Beurre (30 mL)

- Sel (au goût)
  Poivre (au goût)
- Gousse d'ail hachée (1 unité)
- Persil haché (au goût)

Temps de préparation: 20 à 25 minutes
Temps de cuisson: 15 à 20 minutes
Rendement: 6 portions

Ustensiles

— couteau économe
— couteau à émincer
— cuiller à mesurer
— sauteuse ou poêle
— spatule
— tasse à mesurer

Méthode

- Éplucher les aubergines et les couper en cubes.
- Faire chauffer l'huile et le beurre à feu vif.
- Y faire *sauter* les aubergines; les assaisonner une fois qu'elles sont dorées.
  — Continuer la cuisson à chaleur moyenne jusqu'à ce qu'elles soient cuites mais encore fermes, soit pendant environ 10 minutes.
- Ajouter l'ail.
  — Retirer du feu immédiatement.
- Persiller généreusement.

Ce légume se sert bien avec un rôti de boeuf ou de veau.

Concombres à la crème

Ingrédients

- Concombre (500 g)
- Eau (quantité suffisante)
- Sauce béchamel (voir recette p. 186) (125 mL)

- Sel (au goût)
  Poivre blanc (au goût)
- Crème à 35 % (30 mL)

Temps de préparation: 15 à 20 minutes
Temps de cuisson: 10 à 15 minutes
Rendement: 6 portions

Ustensiles

— couteau économe
— cuiller à mesurer
— fouet
— passoire
— petite marmite
— tasse à mesurer

Méthode

- Peler et *épépiner* les concombres.
  — Les couper en bâtonnets.
- Les faire *pocher* de 5 à 7 minutes.
  — Égoutter.
- Mélanger les concombres cuits à la béchamel chaude et chauffer pendant environ 5 minutes.
  — Garder au chaud.
- Assaisonner.
- *Crémer* en remuant doucement.
- Servir chaud.

Se sert bien en accompagnement du poulet ou du poisson.

Brocoli à la milanaise

Ingrédients

- Brocoli (500 g)
- Eau (quantité suffisante)
  Sel (quantité suffisante)
- Beurre (50 mL)

Sel (au goût)
Poivre (au goût)
- Cheddar doux râpé (125 mL)
  Parmesan râpé (125 mL)

Temps de préparation: 10 à 15 minutes
Temps de cuisson: 10 à 15 minutes
Rendement: 6 portions

Ustensiles

— couteau d'office
— marmite
— passoire
— pinceau
— plat en grès ou en pyrex
— spatule

Méthode

- *Parer* les brocolis; les couper en bouquets d'égale grosseur; les laver à l'eau courante.
- Faire *blanchir* les brocolis, à couvert, dans l'eau bouillante salée de 10 à 15 minutes environ.
  — Égoutter puis laisser refroidir.
- *Napper* de beurre fondu et assaisonner au goût.
- Parsemer de cheddar et de parmesan râpés.
  — *Gratiner* au four.

Par mesure d'économie, on peut utiliser les tiges des brocolis pelées et émincées pour préparer des soupes ou des crèmes; on peut également les *sauter* ou les faire braiser avec d'autres légumes.

Chou braisé

Ingrédients

- Chou vert (500 g)
- Eau bouillante (quantité suffisante)
  Sel (quantité suffisante)
  Condensé pour bouillon de poulet (quantité suffisante) (facultatif)
- Beurre (25 mL)
  Lard salé en cubes (50 g)

  Oignon émincé (75 mL)
  Carotte émincée (100 mL)
- Bouillon de volaille (350 mL)
  Sel (au goût)
  Poivre (au goût)
  Gousse d'ail hachée (1 unité)

Temps de préparation: 20 minutes
Temps de cuisson: 30 à 35 minutes
Rendement: 6 portions

Ustensiles

— couteau à émincer
— cuiller en bois
— cuiller à mesurer
— marmite
— spatule
— tasse à mesurer

Méthode

- Couper le chou en 6 quartiers après l'avoir débarrassé de ses feuilles extérieures.
- Le laver et le faire *blanchir* à l'eau bouillante salée pendant environ 10 minutes (on peut y ajouter un peu de condensé pour bouillon de poulet pour rehausser la saveur).

- — Égoutter et laisser refroidir un peu.
- — Détacher le *trognon* du chou et ne conserver que les feuilles.
- Fondre le beurre dans la marmite et y faire chauffer doucement le lard, les oignons et les carottes.
  - — Après quelques minutes, ajouter les feuilles de chou.
- *Mouiller* avec le bouillon de volaille et ajouter les assaisonnements.
  - — Amener à ébullition.
  - — Continuer la cuisson au four à 190°C pendant 30 minutes.

Accompagne bien un rôti de porc ou de boeuf.

On peut remplacer le chou vert par du chou rouge.

Courgettes à la romaine

Ingrédients

- Petite courgette (450 g)
- Oignon moyen haché (2 unités)
  Champignon émincé (285 mL)
  Persil haché (15 mL)
- Concentré pour bouillon de boeuf ou de poulet (5 mL)
- Vin blanc (125 mL)
- Parmesan ou cheddar doux râpé (30 mL)
- Beurre fondu (60 mL)

Temps de préparation: 15 à 20 minutes
Temps de cuisson: 35 à 40 minutes
Rendement: 6 portions

Ustensiles

- — casserole allant au four
- — couteau à émincer
- — cuiller à mesurer
- — cul de poule (bol à mélanger)
- — papier métallique
- — petite cuiller
- — tasse à mesurer

Méthode

- Couper les courgettes en deux dans le sens de la longueur.
  - — Retirer la *pulpe* centrale.
- Mélanger les oignons, les champignons, le persil et la *pulpe* des courgettes.
- Incorporer le concentré de viande à ce mélange.
  - — En farcir les demi-courgettes.

- Les placer dans une casserole, *mouiller* avec le vin blanc et faire cuire à l'*étouffée* sur feu moyen ou au four, à 190°C, de 30 à 35 minutes.
- Poser les courgettes sur un plat de service, les parsemer de fromage râpé.
- Arroser de beurre fondu.
    - Couvrir d'un papier métallique et passer au four de 10 à 15 minutes.

On peut servir ces courgettes avec du macaroni aux tomates, du bifteck suisse ou un ragoût de porc.

LES SALADES

La variété des salades est un des plaisirs de la table, en été tout particulièrement. Surtout, ne vous en privez pas. Elles sont bonnes à manger et bonnes pour la santé.

En salade, les *épinards* sont excellents et recommandés à cause de leur teneur en fer.

Pour garder le *cresson* croustillant, bien le laver à l'eau froide vinaigrée une heure avant de l'utiliser, l'envelopper dans un linge sec et le placer au réfrigérateur.

Si on se propose de faire une *salade de pommes de terre*, cuire ces dernières avec leur pelure, ce qui les empêchera de s'imbiber d'eau, les couper en dés, les mettre au réfrigérateur et les servir très froides en y ajoutant de la mayonnaise ou de la crème sure à la dernière minute. Ne jamais mettre de mayonnaise sur des pommes de terre encore chaudes ou tièdes.

Les *tomates* peuvent être émondées et épépinées avant d'être préparées en salade, ce qui peut éviter des problèmes d'hyperacidité gastrique.

La *laitue chinoise* hachée finement se sert très bien avec une vinaigrette. Elle a l'avantage de bien se conserver au réfrigérateur.

Ne pas mêler d'avance la *laitue* aux autres légumes, elle se fanerait vite et l'eau qu'elle contient, en se mélangeant aux légumes, nuirait à l'ensemble.

Pour que la *vinaigrette* soit lisse et veloutée, la fouetter au mélangeur en ajoutant 5 mL de moutarde en poudre par 250 mL de vinaigrette. Ainsi préparée, elle se conserve une semaine ou plus au réfrigérateur.

La *betterave* est excellente crue, épluchée et râpée, servie avec des pommes crues pelées.

Le *fenouil* émincé se mélange bien à une salade de légumes.

SALADES

1) Salade en couronne

2) Cressonnière à la vinaigrette

3) Salade de nos prés

4) Salade pascale (PHOTO)

5) Salade César

6) Laitue mimosa

7) Salade frivolité

8) Salade au chou

9) Salade de l'Estrie

10) Salade aux épinards

Salade en couronne

Ingrédients

- Laitue ciselée (750 mL)
  Céleri en dés (375 mL)
  Persil haché (60 mL)
  Poivron rouge en dés (1 unité)
- Mayonnaise (125 mL)
  Jus de citron (20 mL)
  Sel (au goût)
  Poivre (au goût)

GARNITURE:
- Feuille de laitue (quantité suffisante)
  Olive farcie (125 mL)
  Tomate en tranches (1 unité)
  Concombre *cannelé* et émincé (1/2 unité)
  Carotte râpée (125 mL)
  Fromage à la crème (30 mL)
  Persil (au goût)

Temps de préparation: 30 minutes
Temps de réfrigération: environ 2 heures
Rendement: 6 portions

Ustensiles

— couteau économe
— couteau à émincer
— couteau d'office
— fouet
— grand cul de poule (bol à mélanger)
— moule en couronne de 1 litre
— petit cul de poule (bol à mélanger)
— spatule en caoutchouc

Méthode

- Bien mélanger tous les ingrédients.
- *Lier* avec la mayonnaise *détendue* avec le jus de citron et assaisonner.
  — Placer dans un moule de 1 litre en tassant légèrement.
  — Laisser reposer environ 2 heures au réfrigérateur.
  — Démouler sur une assiette.
- Garnir au goût.
- Servir froid.

Cette salade peut aussi bien être servie dans un bol à salade.

On peut utiliser de la laitue iceberg, de la romaine ou de la laitue chinoise émincée très finement.

Cressonnière à la vinaigrette

Ingrédients

SALADE:
- Cresson frais (2 paquets)
- Maïs en grains, cuit (125 mL)
- Vinaigrette

VINAIGRETTE:
- Jus de citron (85 mL)
- Huile (165 mL)
- Miel ou sucre (5 mL)
- Gousse d'ail hachée (1 unité)
- Moutarde en poudre (5 mL)
- Sel (au goût)
- Poivre (au goût)
- Champignon émincé (225 mL)

Temps de préparation: 10 minutes
Temps de réfrigération: 1 heure
Rendement: 6 portions

Ustensiles

— couteau à émincer
— cuiller en bois
— cuiller et fourchette de service
— cul de poule (bol à mélanger)
— linge
— saladier

Méthode

SALADE:
- Bien laver le cresson, enlever les grosses tiges, égoutter et réfrigérer pendant au moins 1 heure afin de le rendre croustillant.
- Juste au moment de servir, ajouter le maïs et la vinaigrette.

VINAIGRETTE:
- Placer tous les ingrédients, sauf les champignons, dans un bocal; bien le fermer et mélanger le tout en brassant vigoureusement.
  — On peut ensuite réfrigérer le tout jusqu'au moment de l'utiliser.
- Juste avant de servir, brasser de nouveau et ajouter les champignons.

Cette cressonnière peut se servir comme entrée.

Elle accompagne bien l'agneau, le poisson et le poulet.

Salade de nos prés

Ingrédients

SALADE:
- Gousse d'ail (1 unité)
- Laitue romaine de grosseur moyenne (2 unités)
  Tomate *épépinée* en gros dés (2 unités)
  Céleri en dés (125 mL)
  Piment vert et piment rouge en dés (125 mL)

VINAIGRETTE:
- Persil haché (15 mL)
  Cresson haché (15 mL)
  Câpres (10 mL)
  Gousse d'ail écrasée (1 unité)
  Sel (1 mL)
  Poivre (0,5 mL)
- Huile (125 mL)
- Jus de citron (45 mL)

Temps de préparation: 20 minutes
Temps de réfrigération: 1 heure sans la vinaigrette
Rendement: 6 portions

Ustensiles

— couteau à émincer
— cuiller en bois
— fouet
— mortier ou bol
— pilon en bois ou fourchette
— saladier
— tasse à mesurer

Méthode

SALADE:
- Frotter un saladier avec une gousse d'ail.
- Y ajouter la laitue coupée en gros morceaux, puis les tomates, le céleri et les piments.
  — Mélanger rapidement le tout.
  — Ajouter la vinaigrette au moment de servir.

VINAIGRETTE:
- Mélanger tous les ingrédients (sauf l'huile et le jus de citron).
  — Les placer dans un *mortier* ou un bol.
  — Les écraser à l'aide d'un pilon ou d'une fourchette.
- Ajouter l'huile, une petite quantité à la fois, en battant vigoureusement avec une fourchette après chaque addition.
- Ajouter enfin le jus de citron en brassant légèrement.

Ne pas se servir d'un couteau pour trancher la laitue, la briser avec les mains.

Bien rincer le piment après l'avoir coupé; bien l'assécher, car l'eau colorée des piments ne donnerait pas une belle teinte à l'ensemble.

Frotter le bol avec une gousse d'ail afin de relever la saveur des laitues vertes et croquantes.

La vinaigrette peut être utilisée également avec des artichauts, du spaghetti cuit ou des crevettes.

Salade pascale

Ingrédients

- Gélatine (30 mL)
  Eau froide (60 mL)
- Eau bouillante (450 mL)
- Sucre (125 mL)
  Sel (3 mL)
  Vinaigre (125 mL)
- Céleri en dés (250 mL)
  Carotte râpée (125 mL)
  Grosse pomme en tranches minces (2 unités)

GARNITURE:
- Navet blanc épluché (rabiole) (quantité suffisante)
  Colorant alimentaire rouge (quantité suffisante)
  Colorant alimentaire jaune (quantité suffisante)
  Eau froide (quantité suffisante)

- Échalote (quelques tiges)
  Feuille de poireau (quantité suffisante)
- Carotte râpée (125 mL)
  Laitue en quartiers (quantité suffisante)
- Rondelle large de carotte *cannelée* (quantité suffisante)
  Rondelle large de concombre *cannelé* (quantité suffisante)
  Pelure d'orange découpée en pétales (quantité suffisante)
  Piment rouge découpé en pétales (quantité suffisante)
  Persil en bouquet (quantité suffisante)
  Mayonnaise (quantité suffisante)

Temps de préparation: 15 minutes
Temps de réfrigération: 2 heures (gelée)
Rendement: 6 portions

Ustensiles

— assiette de service
— bâtonnets de bois
— couteau économe
— couteau à émincer
— couteau d'office
— cuiller à mesurer
— fouet
— grand cul de poule (bol à mélanger)
— louche

- moule en couronne ou moules individuels
- petit cul de poule (bol à mélanger)
- spatule
- tasse à mesurer

Méthode
- Faire *gonfler* la gélatine dans l'eau froide.
- Ajouter l'eau bouillante.
- Brasser et ajouter ensuite le sucre, le sel et le vinaigre.
  - Laisser prendre quelques instants au réfrigérateur.
- Lorsque la gélatine est à moitié prise, ajouter le céleri, les carottes et les pommes.
  - Verser dans un moule en couronne préalablement refroidi à l'eau froide et laissez prendre complètement au réfrigérateur.
  - Démouler en passant le moule sous l'eau chaude et déposer la préparation sur une assiette de service.

GARNITURE:
- Faire tremper les navets crus dans du colorant dilué dans plus ou moins d'eau selon la couleur désirée.
  - Laisser tremper jusqu'à obtention de la couleur désirée.
  - Avec un couteau d'office, tailler les navets en tulipes en découpant cinq ou six pétales jusqu'aux trois quarts du navet et en laissant une rondelle centrale (*voir photo*).
  - Remettre les navets dans le liquide coloré. Ils s'ouvriront sous l'action de l'eau.
- Piquer les navets dans des bâtonnets de bois entourés d'une tige d'échalote. Piquer les tulipes et quelques feuilles de poireau dans l'aspic.
- Disposer les quartiers de laitue autour de la gelée et les carottes râpées au centre.
- Décorer avec les carottes et les concombres *cannelés*, les pelures d'orange, les piments rouges, le persil et la mayonnaise (*voir photo*).

Certaines personnes digèrent difficilement le céleri, les nervures ligneuses étant indigestes. Ce légume se pèle très bien avec un couteau économe et devient alors accessible à tous.

Pour éviter que les légumes ne descendent dans le fond du moule, placer le bol où se trouve la préparation dans un récipient contenant de la glace et brasser jusqu'à ce que le mélange commence à prendre. Verser alors seulement dans le moule.

Salade César

Ingrédients

- Laitue (romaine si possible, ou scarole) (2 unités)
- Gousse d'ail (1 unité)
- Anchois (175 mL)
  Câpres (15 mL)
- Jus de citron (40 mL)
  Sel du moulin (au goût)
  Poivre du moulin (au goût)
  Jaune d'oeuf (1 unité)

  Moutarde forte (5 mL)
  Mayonnaise (125 mL)
- Huile (125 mL)
- Parmesan râpé (30 mL) (facultatif)
  Croûton à l'ail (voir recette p. 178) (250 mL)
  Persil haché (au goût)

Temps de préparation: 15 minutes
Temps de réfrigération: 2 heures (laitue seulement)
Rendement: 6 portions

Ustensiles

— couteau à émincer
— couteau d'office
— cuiller et fourchette de service
— linge
— pilon ou fourchette
— saladier

Méthode

- Laver la laitue, l'égoutter, la couper en gros morceaux et la réfrigérer pendant 2 heures dans un linge humide afin de la rendre croquante.
- Frotter le saladier avec une gousse d'ail.
- Y écraser les anchois et les câpres.
- Ajouter le jus de citron, le sel, le poivre, le jaune d'oeuf, la moutarde et la mayonnaise.
- Incorporer l'huile en mélangeant bien.
- Incorporer la laitue et ajouter le fromage (si désiré) ainsi que les croûtons et le persil haché.

À défaut de laitue romaine, utiliser de l'iceberg et de la scarole en proportions égales.

On peut remplacer le parmesan par du cheddar râpé.

Laitue minosa

Ingrédients

- Vinaigrette:
  — vinaigre (85 mL)
  — huile (165 mL)
  — sel (au goût)
  — poivre (au goût)
- Oeuf (3 unités)
- Feuille de laitue iceberg (15 unités environ)
- Paprika (3 mL)
  Ciboulette hachée (5 mL)

Temps de préparation: 15 minutes
Temps de cuisson: 9 minutes (oeufs)
Temps de réfrigération: au besoin, avant de verser la vinaigrette
Rendement: 6 portions

Ustensiles

— couteau à émincer
— cuiller à mesurer
— presse-purée
— saladier
— tasse à mesurer

Méthode

- Préparer la vinaigrette en mélangeant le vinaigre, l'huile, le sel et le poivre.
  — Verser dans un saladier.
- Cuire les oeufs dans l'eau bouillante pendant 9 minutes.
  — Les écaler.
  — Séparer les jaunes des blancs.
  — Émincer les blancs d'oeufs et les faire *macérer* dans la vinaigrette.
- Disposer les feuilles de laitue dans une assiette de service.
  — Écraser les jaunes au presse-purée et les faire tomber en grains sur la salade.
- Au moment de servir, verser dessus la vinaigrette bien brassée, le paprika et la ciboulette hachée.

Garder la laitue au réfrigérateur, dans un plat de plastique ou dans un linge humide, jusqu'au moment de servir, afin qu'elle reste croustillante.

Salade frivolité

Ingrédients

- Laitue coupée finement (500 mL)
  Radis émincé (250 mL)
  Olive tranchée (175 mL)
  Pomme en quartiers minces (500 mL)
  Pois vert (250 mL)
- Mayonnaise (125 mL)
  Jus de citron (40 mL)
- Sel (au goût)
  Poivre (au goût)
- Feuille de laitue (6 grosses)
- Radis découpés en fleurs (quantité suffisante)
  Bouquet de persil (quantité suffisante)

Temps de préparation: 15 minutes

Temps de réfrigération: en cas de réfrigération, ajouter la mayonnaise et le jus de citron au moment de servir.

Rendement: 6 portions

Ustensiles

— couteau à émincer
— couverts à salade
— cuiller en bois
— saladier
— tasse à mesurer

Méthode

- Mélanger la laitue coupée, les radis émincés, les olives, les quartiers de pommes et les pois verts.
- Ajouter la mayonnaise et le jus de citron.
- Bien assaisonner.
- Façonner en 6 boules et servir chacune sur une feuille de laitue.
- Décorer de radis en fleurs et de bouquets de persil.

Les radis en fleurs peuvent être préparés la veille et conservés dans de l'eau froide, au réfrigérateur.

Après avoir coupé les pommes en quartiers, les tremper dans la mayonnaise et le jus de citron.

Pour conserver le persil frais une semaine ou plus, bien le laver, l'assécher et le ranger au réfrigérateur dans un sac de plastique hermétiquement fermé.

Salade au chou

Ingrédients

SALADE:
- Chou vert finement émincé (1 unité)
  Petit oignon haché (1 unité)
  Piment vert haché (1 unité)
  Carotte râpée (250 mL)
  Persil frais haché (60 mL)

VINAIGRETTE:
- Miel (30 mL)
  Sucre (125 mL)
  Moutarde en grains (5 mL)
  Gousse d'ail hachée (1 unité)
  Vinaigre blanc (250 mL)
  Huile à salade (165 mL)

Temps de préparation: 15 à 20 minutes
Temps de réfrigération: au besoin, pour refroidir la salade
Rendement: 6 portions

Ustensiles
— couteau à émincer
— cuiller en bois
— cuiller à mesurer
— cul de poule (bol à mélanger)
— grande tasse à mesurer
— petite marmite
— tasse à mesurer

Méthode
- Mélanger le chou avec les autres ingrédients.
  — Réserver.
- Mettre tous les ingrédients de la vinaigrette dans une petite marmite et amener à ébullition.
  — Verser sur le chou, mélanger et laisser reposer au réfrigérateur.
  — Au moment de servir, remuer de nouveau la salade refroidie.

Cette salade peut se conserver pendant environ 10 jours au réfrigérateur, dans un contenant hermétiquement fermé.

Salade de l'Estrie

Ingrédients
- Champignon émincé (750 mL)
  Jus de citron (40 mL)
- Ciboulette (60 mL)
  Huile d'olive (45 mL)
  Sel (au goût)
  Poivre (au goût)

  Moutarde (1 pincée)
  Miel (15 mL)
  Gousse d'ail (1 unité)
- Laitue scarole (1 unité)
- Tomate en quartiers (3 tomates)

Temps de préparation: 10 à 15 minutes
Temps de réfrigération: au besoin
Rendement: 6 portions

Ustensiles
— couteau à émincer
— cuiller en bois
— cuiller à mesurer
— cul de poule (bol à mélanger)
— saladier
— spatule en caoutchouc

Méthode
- Placer les champignons dans un verre à mélanger ou un bocal, et les arroser avec le jus de citron.
- Ajouter la ciboulette, l'huile, le sel et le poivre, la moutarde, le miel et l'ail.
  — Bien mélanger.
  — Garder au réfrigérateur.
- Laver la laitue et la couper grossièrement.
- La déposer dans un saladier avec les quartiers de tomates.
  — Ajouter la vinaigrette au moment de servir.

On ne doit pas laver les champignons, mais les essuyer avec un linge humide pour qu'ils gardent leur fraîcheur; il est recommandé de les asperger de jus de citron afin qu'ils conservent leur blancheur.

Les champignons crus sont excellents; la cuisson les réduit considérablement.

Les champignons se congèlent crus et émincés, placés dans un sac en plastique hermétiquement fermé.

Ils sont délicieux dans une sauce ou sur une pizza.

Salade aux épinards

Ingrédients

SALADE:
- Épinard (225 g)
- Tomate coupée en quartiers (3 tomates)
  Gros oignon blanc espagnol tranché (1 unité)

VINAIGRETTE:
- Jus de citron ou vinaigre (85 mL)
  Huile (165 mL)
  Miel (15 mL)
  Sel (au goût)
  Poivre (au goût)
  Paprika (au goût)
  Gousse d'ail hachée (1 unité)
  Raisin sec (125 mL)

Temps de préparation: 10 minutes
Temps de réfrigération: au moins 1 heure
Rendement: 6 portions

Ustensiles
— couteau à émincer
— cuiller en bois
— cuiller à mesurer
— cul de poule (bol à mélanger)
— tasse à mesurer

Méthode
- Laver les épinards plusieurs fois dans l'eau bien froide.
    — Les égoutter et les garder au réfrigérateur pendant au moins 1 heure, afin qu'ils restent croustillants.
    — Enlever alors les grosses nervures centrales et déchiqueter les feuilles.
    — Disposer dans un saladier.
- Y incorporer les tomates et les oignons de façon à former une présentation agréable.
- Préparer la vinaigrette en mélangeant tous les autres ingrédients.
    — La réfrigérer jusqu'au moment de l'utiliser.
    — Au moment de servir, bien agiter la vinaigrette et la verser sur la salade.

Cette salade accompagne bien les plats de viande, tels que le pain de viande, le gigot d'agneau ou le pâté de porc.

LES DESSERTS

Un dessert réussi, c'est le couronnement d'un repas agréable. Il faut pour cela respecter quelques principes très simples au moment de la préparation.

La *crème anglaise* sert de base à plusieurs préparations comme, par exemple, les crèmes glacées, les charlottes, les bavaroises, etc.

La *crème pâtissière* sert à garnir les mille-feuilles, les gâteaux, les éclairs, les choux.

Pour bien réussir la *crème fouettée*, il est très important que la crème et le récipient dans lequel on la bat soient tous deux bien froids.

La *génoise* est un gâteau éponge à texture fine. Cette pâte peut se mélanger à la main ou au malaxeur. Un secret pour bien la réussir: tamiser la farine comme une «poudrerie», elle s'incorporera mieux aux autres ingrédients et l'apparence du gâteau y gagnera. Il ne faut pas fouetter la pâte trop longtemps cependant, sinon, une fois au four, elle débordera du moule et retombera. Si, par exception, votre recette comporte du beurre, il faut faire tomber le beurre fondu dans la pâte en un filet très mince. Lorsque le gâteau est cuit, le renverser sur une grille sans le démouler, l'humidité en le pénétrant le conservera frais plus longtemps. Si votre gâteau brûle un peu sur les bords, c'est que votre moule est trop mince.

Le *gâteau roulé* est une génoise avec un jaune d'oeuf en plus, ce qui en facilite la manipulation quand on le roule. Pour le rouler, placez une serviette sèche sur la table (on peut utiliser du papier ciré) et renversez le gâteau après l'avoir laissé refroidir pendant cinq minutes. Enlevez alors le papier de cuisson, commencez à rouler le gâteau en le tenant fermement aux deux bouts, à l'aide d'une serviette, et continuez à rouler, cela se fera facilement. Quand il sera totalement roulé, maintenez-le ainsi fermement pendant quelques instants.

Les *gâteaux au kirsch*, *au chocolat* et les *mokas* sont faits à base de génoise.

On réussit mieux la *pâte brisée* en utilisant du beurre et de la graisse. Mais pour une pâte fine servie comme dessert, il vaut mieux s'en tenir au beurre. Se souvenir que la pâte devient élastique, donc difficile à étendre, si elle contient trop d'eau. Donc, avant de l'étendre, laissez-la reposer au réfrigérateur. Ensuite, ne la pétrissez pas trop. Pour qu'une abaisse soit bien cuite, il faut qu'elle soit mince.

Pour éviter que le remplissage d'une tarte n'imbibe la pâte, une précaution simple consiste à badigeonner le fond de l'abaisse avec un blanc d'oeuf fouetté, ce qui l'imperméabilisera. Si vous constatez que votre remplissage est trop sucré, ajoutez-y quelques gouttes de citron. La pâte brisée se conserve bien au congélateur. Au réfrigérateur, elle se garde pendant une semaine.

DESSERTS

1) Biscuits magiques

2) Tarte meringuée au citron

3) Gâteau carrousel

4) Salade de fruits, avec gaufrettes (PHOTO)

5) Biscuits variés

6) Pain aux dattes

7) Gâteau roulé

8) Crème au caramel

9) Crêpes farcies aux pommes et flambées au calvabec

10) Gâteau à la course

11) Biscuits à la mélasse

12) Tarte au sirop d'érable de la Beauce

13) Beignets au cidre de Rougemont

14) Charlotte aux fraises de Sainte-Anne-des-Plaines

15) Tarte aux oeufs

16) Flan à l'érable des Bois-Francs

17) Tourte aux pêches

18) Sorbet aux fraises

19) Tarte au «mincemeat»

20) Gâteau aux fruits

21) Tarte à la citrouille

22) Diplomate au rhum

23) Mousseline au citron

24) Barres aux noix et aux dattes

25) Gâteau réfrigérateur

Biscuits magiques

Ingrédients

PÂTE:
- Graisse végétale (125 mL)
  Sucre (125 mL)
- Oeuf (1 unité)
  Zeste d'orange (15 mL)
  Jus d'orange (30 mL)
- Farine (300 mL)
  Sel (2 mL)
  Poudre à pâte (7 mL)
- Farine (quantité suffisante)
- Beurre (15 mL)

GARNITURE FACULTATIVE:
- Noix de coco râpée (au goût)
  Chocolat vermicelle (au goût)
  Cerise rouge (au goût)
  Confiture d'abricot (au goût)
  Confiture de framboise (au goût)
  Amande *émondée effilée* (au goût)
  Noix de Grenoble (au goût)
- Chocolat mi-sucré (au goût)

Temps de préparation: 20 minutes
Temps de cuisson: 7 à 8 minutes
Rendement: 4 douzaines

Ustensiles

— batteur électrique
— couteau d'office
— cuiller en bois
— cuiller à mesurer
— cul de poule (bol à mélanger)
— *emporte-pièce*
— planche
— plaque à pâtisserie
— rouleau à pâtisserie
— roulette
— spatule

Méthode

PÂTE:
- Battre la graisse avec le sucre jusqu'à consistance crémeuse.
- Incorporer l'oeuf, le zeste et le jus d'orange.
  — Battre jusqu'à ce que le sucre soit dissous.
- Tamiser ensemble la farine, le sel et la poudre à pâte.
  — Incorporer les ingrédients secs au mélange.
  — Laisser reposer au réfrigérateur de 3 à 4 heures.

- Enfariner légèrement la pâte et l'abaisser sur une épaisseur de 3 mm avec un rouleau à pâtisserie.
- Y découper des biscuits à l'*emporte-pièce* et les déposer sur une plaque à pâtisserie légèrement beurrée.
    — Cuire au four à 190°C de 7 à 8 minutes, ou jusqu'à ce que les biscuits soient légèrement dorés.
- Décorer au goût avant la cuisson avec différentes garnitures.
ET/OU
- Enrober les biscuits avec du chocolat fondu après la cuisson.

Ces biscuits se conservent pendant une semaine au réfrigérateur.

Avec cette pâte, on peut faire des *abaisses* et différentes sortes de biscuits.

Tarte meringuée au citron

Ingrédients

- Eau (375 mL)
  Sucre (300 mL)
  Zeste de citron (1 unité)
- Jaune d'oeuf (3 unités)
  Eau (15 mL)
  Jus de citron (60 mL)
  Fécule de maïs (90 mL)
- Essence de citron (1 mL)
  Beurre (30 mL)

- Pâte brisée cuite (voir recette p. 183) (250 g ou 1 *abaisse*)
- Blanc d'oeuf (3 unités)
  Sel (1 pincée)
  Crème de tartre (1 pincée)
- Sucre (175 mL)
- Vanille (1 mL)
- Cerise rouge (3 unités) (facultatif)

Temps de préparation: 20 minutes
Temps de cuisson: 7 minutes
Rendement: 6 portions

Ustensiles

— assiette à tarte de 23 cm
— casserole de 2 litres
— couteau d'office
— cuiller à mesurer
— *douille* cannelée
— fouet
— petit cul de poule (bol à mélanger)
— poche à pâtisserie
— râpe
— spatule en caoutchouc
— tasse à mesurer

Méthode

- Faire chauffer l'eau avec le sucre et le zeste de citron. Amener à ébullition.
- Mélanger les jaunes d'oeufs, l'eau, le jus de citron et la fécule de maïs.
    - Verser graduellement ce mélange dans le liquide bouillant en remuant continuellement.
    - Faire mijoter de 2 à 3 minutes; retirer du feu.
- Parfumer au citron et y incorporer le beurre.
    - Laisser tiédir.
- Verser dans une *abaisse* de pâte brisée cuite.
    - Réserver.
- Monter les blancs d'oeufs en neige avec le sel. Ajouter la crème de tartre.
- Ajouter le sucre et continuer à fouetter jusqu'à ce que la meringue soit ferme et brillante.
- Parfumer à la vanille.
    - À l'aide d'une poche à pâtisserie munie d'une *douille* cannelée, décorer la tarte avec la meringue.
- Couper les cerises en deux.
    - Les disposer sur la tarte.
    - Faire dorer au centre du four à 190°C, pendant environ 7 minutes ou jusqu'à ce que la meringue soit bien dorée.
- Servir cette tarte froide ou tiède.

Lorsque la pâte est cuite et avant de verser le remplissage, badigeonner la pâte de blanc d'oeuf et la passer au four quelques instants, ceci empêchera l'*abaisse* de s'imbiber et la gardera croustillante.

Si le blanc d'oeuf ne monte pas, y ajouter 5 mL de crème de tartre, de vinaigre ou de jus de citron, l'addition d'une substance acide raffermissant les blancs.

Si vous désirez faire des meringues sèches avec cette même préparation, les dresser sur une grille recouverte de papier ciré et les placer au four à 80°C pendant toute la nuit, laisser la porte du four entr'ouverte.

La tarte meringuée au citron se congèle bien.

Gâteau carrousel

Ingrédients

- Farine à pâtisserie (625 mL)
  Poudre à pâte (15 mL)
  Sel (5 mL)
- Graisse ou beurre amolli (250 mL)
  Sucre (250 mL)
  Oeuf (2 unités)
- Jus d'orange (85 mL)
  Lait (450 mL)
  Essence de vanille (5 mL)
- Zeste d'orange (au goût)
- Crème au beurre (voir recette p. 177) (1 gâteau)

Temps de préparation: 10 à 15 minutes
Temps de cuisson: 30 à 35 minutes
Rendement: 1 gâteau

Ustensiles
— batteur électrique
— cuiller en bois
— cul de poule (bol à mélanger)
— moules à gâteau de 20 cm de diamètre
— râpe
— spatule en caoutchouc
— tamis à farine
— tasse à mesurer

Méthode
- Tamiser la farine, la poudre à pâte et le sel.
- Battre la graisse ou le beurre en crème, avec le sucre et les oeufs.
- Ajouter à ce mélange le jus d'orange et le lait parfumé à l'essence de vanille, en alternant avec les ingrédients secs.
- Ajouter le zeste d'orange et battre quelques minutes.
  — Verser dans deux moules à gâteau de 20 cm de diamètre.
  — Faire cuire au centre du four à 180°C, pendant environ 35 minutes.
  — Laisser refroidir avant de démouler.
- Superposer les deux gâteaux et garnir le centre avec une crème au beurre colorée au goût.

Avant la cuisson, faire un petit creux au centre de la pâte, cela évitera au gâteau de monter en pignon.

Cette recette peut être utilisée pour préparer un gâteau de fête.

Salade de fruits, avec gaufrettes

Ingrédients
- Melon (melon miel, melon brodé ou melon cantaloup) (500 mL)
- Cerise rouge (60 mL)
  Cerise verte (60 mL)
  Ananas (250 mL)
- Raisin vert sans pépins (250 mL)
  Sucre granulé (15 mL)
- Limonade congelée non diluée (60 mL)
  Sirop de grenadine (au goût)
- Gaufrette (voir recette p. 182) (12 unités)
- Kiwi émincé (2 unités)
  Fraise coupée (375 mL)

Temps de préparation: 20 minutes
Temps de réfrigération: selon les besoins
Rendement: 10 portions et plus

Ustensiles

— coupes à dessert
— couteau à émincer
— couteau d'office
— cuiller en bois
— cuiller à mesurer
— cuiller parisienne
— cuiller de service
— grand saladier
— tasse à mesurer

Méthode

- Détailler le melon en dés ou en boules.
- Couper les cerises et l'ananas en morceaux.
- Mélanger délicatement tous les fruits (sauf les fraises et les kiwis) et les saupoudrer de sucre.
- Ajouter la limonade congelée non diluée et le sirop de grenadine.
- Placer deux minces gaufrettes chaudes dans une coupe à dessert.
  — Replier les côtés de façon à former une fleur (*voir photo*).
  — Laisser refroidir les gaufrettes.
  — Remplir de salade de fruits.
- Décorer avec les kiwis émincés et les fraises. N'ajouter ces deux derniers fruits qu'au moment de servir.

Les fraises et les kiwis doivent être ajoutés à la salade au moment de servir, sinon ils perdent leur fraîcheur et risquent de nuire à la beauté de la salade.

Si on utilise des ananas frais, il vaut mieux préparer un sirop composé de 250 mL d'eau et de 60 mL de sucre que l'on amène à ébullition; verser ce sirop sur l'ananas.

Les ananas se congèlent bien.

Pour les grandes occasions, parfumer cette salade au kirsch.

Biscuits variés

Ingrédients

- Margarine (250 mL)
- Oeuf (3 unités)
- Cassonade (500 mL)
- Farine (750 mL)
  Bicarbonate de soude (5 mL)
- Crème de tartre (1 pincée)
  Sel (1 mL)
- Gelée de fruits au choix ou confiture au choix (quantité suffisante)

Temps de préparation: 20 minutes
Temps de cuisson: 7 à 8 minutes
Rendement: 5 douzaines

Ustensiles

— batteur électrique
— cuiller à mesurer
— cul de poule (bol à mélanger)
— *emporte-pièce* au choix
— plaque à biscuits
— rouleau à pâtisserie
— spatule en caoutchouc
— spatule en métal
— tamis à pâtisserie
— tasse à mesurer

Méthode

- Amollir la margarine.
- Battre les oeufs
- Ajouter les oeufs battus et la cassonade à la margarine.
- Bien mélanger, puis ajouter la farine, le bicarbonate de soude, la crème de tartre et le sel.
    - Mélanger de nouveau. Bien *fraiser*.
    - Former une *abaisse* de 6 mm d'épaisseur.
    - Découper la moitié de la pâte avec un *emporte-pièce* plein et l'autre moitié avec un *emporte-pièce* de même taille troué au centre.
- Tartiner les premières *abaisses* avec de la gelée de fruits ou de la confiture et les recouvrir avec les *abaisses* trouées.
    - Presser légèrement.
    - Cuire les biscuits à 200°C pendant environ 6 minutes ou jusqu'à ce que la pâte soit dorée.

Ces biscuits se congèlent très facilement, avant ou après cuisson.

Vous pouvez exécuter la recette sans garniture, ou lui ajouter des fruits, du chocolat ou de la noix de coco.

Choux de Bruxelles croustillants, voir recette p. 98▷

Pain aux dattes

Ingrédients

- Datte dénoyautée (450 g)
- Eau (250 mL)
  Zeste d'orange (1 unité)
- Beurre ramolli (80 mL)
  Cassonade (250 mL)
- Oeuf (1 unité)
  Vanille (5 mL)
- Farine (500 mL)
  Bicarbonate de soude (5 mL)
  Poudre à pâte (5 mL)
  Sel (2 mL)
- Noix de Grenoble hachée (250 mL)
- Beurre (10 mL)
  Farine (quantité suffisante)

Temps de préparation: 20 minutes
Temps de cuisson: 1 heure
Rendement: 1 pain

Ustensiles

— couteau à émincer
— cuiller en bois
— cul de poule (bol à mélanger)
— grand cul de poule (grand bol à mélanger)
— moule rectangulaire de 2 litres
— petite marmite
— râpe
— spatule en caoutchouc
— tamis
— tasse à mesurer

Méthode

- Hacher les dattes.
- Verser dessus l'eau bouillante et le zeste d'orange.
  — Laisser tiédir.
- Mélanger le beurre et la cassonade et brasser jusqu'à l'obtention d'un mélange crémeux.
- Incorporer l'oeuf et la vanille à ce mélange.
- Tamiser ensemble la farine, le bicarbonate de soude, la poudre à pâte et le sel.
- Incorporer les noix et les dattes à ces ingrédients secs tamisés.
  — Mélanger les deux appareils.
- Beurrer et fariner un moule rectangulaire de 2 litres.
  — Déposer le mélange dans le moule, en ayant soin de faire un creux à la surface de la pâte.
  — Cuire au four à 180°C pendant environ 1 heure.

Vous pouvez couvrir ce pain d'un sucre à la crème à la noix de coco.

◁ *Salade de fruits, avec gaufrettes, voir recette p. 126*

Il est délicieux servi chaud avec une salade de fruits frais.

Il se congèle très bien.

Gâteau roulé

Ingrédients

- Oeuf (4 unités)
- Sucre (125 mL)
- Sucre (125 mL)
- Eau (90 mL)
- Vanille (5 mL)

- Farine (250 mL)
  Poudre à pâte (5 mL)
  Sel (1 mL)
- Sucre (quantité suffisante)
- Confiture de fraises (250 mL)
- Crème au beurre (voir recette p. 177) (1 gâteau)

Temps de préparation: 30 minutes
Temps de cuisson: 15 minutes
Temps de réfrigération: 2 heures
Rendement: 1 gâteau/6 portions

Ustensiles

— batteur électrique
— couteau dentelé
— cuiller à mesurer
— grand cul de poule (grand bol à mélanger)
— grille pour gâteau
— linge
— papier ciré
— petit cul de poule (petit bol à mélanger)
— plaque à pâtisserie de 30 X 45 cm
— spatule en caoutchouc
— spatule en métal
— tasse à mesurer

Méthode

- Séparer les blancs d'oeufs des jaunes.
- Fouetter les blancs en neige; y ajouter 125 mL de sucre pour en faire une meringue.
  — Réserver.
- Battre les jaunes d'oeufs avec les 125 mL de sucre restant jusqu'à ce que celui-ci soit fondu.

- Ajouter l'eau en filet et continuer à battre jusqu'à ce que la préparation soit mousseuse.
- Parfumer avec la vanille.
  — Incorporer alors délicatement la meringue aux jaunes mousseux.
- Tamiser les ingrédients secs ensemble; les incorporer délicatement au mélange.
  — Déposer la préparation sur une plaque à pâtisserie de 30 X 45 cm recouverte d'un papier ciré.
  — Cuire au four à 180°C pendant environ 15 minutes.
- Renverser le gâteau sur un linge sec préalablement saupoudré de sucre.
  — Retirer le papier ciré.
  — Rouler le gâteau chaud.
  — Le laisser refroidir pendant 2 heures au réfrigérateur.
  — Dérouler le gâteau.
- *Napper* la surface du gâteau de confiture.
  — Rouler de nouveau.
- *Masquer* le gâteau roulé de crème au beurre.

Vous pouvez parfumer cette pâte avec du zeste d'orange ou de citron.

Crème au caramel

Ingrédients

- Eau (125 mL)
  Sucre (60 mL)
- Sucre (125 mL)

- Oeuf (5 unités)
  Zeste de citron (1 unité)
- Lait chaud (500 mL)

Temps de préparation: 15 minutes
Temps de cuisson: 20 à 25 minutes
Rendement: 6 portions

Ustensiles

— casserole de 1 litre
— couteau d'office
— cul de poule (bol à mélanger)
— fouet
— moule (ou ramequin)
— plaque de 15 X 30 X 6 cm
— râpe
— tasse à mesurer

Méthode

- Faire chauffer l'eau avec le sucre jusqu'à ce que le mélange ait la couleur du caramel.

- Enrober de caramel le fond de 6 petits ramequins de 125 mL chacun.
- Réserver.
• Battre le sucre avec les oeufs et le zeste de citron.
• Y incorporer graduellement le lait chaud.
- Verser l'appareil dans les ramequins.
- Placer les ramequins dans une plaque, verser de l'eau bouillante dans la plaque de façon à ce que les moules trempent à moitié dans l'eau.
- Faire cuire au four à 180°C, de 20 à 25 minutes.
- La préparation est cuite lorsque la pointe d'un couteau qu'on y plonge en ressort propre.
- Laisser refroidir.
- Démouler en passant délicatement la lame d'un couteau sur le bord des moules.
• Servir à la température de la pièce.

Vous pouvez remplacer le sucre par du sucre d'érable.

Cette crème peut être préparée la veille, elle se démoule bien.

C'est un délicieux dessert, velouté et léger.

Crêpes farcies aux pommes et flambées au calvabec

Ingrédients

- Farine (250 mL)
  Sucre (15 mL)
- Oeuf (2 unités)
  Lait (300 mL)
  Vanille (5 mL)
- Beurre fondu (30 mL)
- Beurre (très peu)

FARCE AUX POMMES:
- Pomme pelée et émincée (1 L)
  Beurre (60 mL)
- Cassonade (60 mL)
  Cannelle (2 mL)
- Sucre à glacer (60 mL)
- Calvabec (60 mL)

Temps de préparation: 45 minutes
Temps de cuisson: 30 minutes
Rendement: 18 petites crêpes

Ustensiles

- cuiller à mesurer
- cul de poule (bol à mélanger)
- fouet
- petite poêle

- poêle à crêpes
- poêle à flamber
- réchaud
- sauteuse ou poêle avec couvercle
- spatule en caoutchouc
- spatule en métal
- tamis
- tasse à mesurer

Méthode

- Tamiser la farine et le sucre.
- Battre les oeufs et y incorporer le lait et la vanille.
  - Bien mélanger le tout jusqu'à l'obtention d'une pâte lisse.
- Y incorporer le beurre fondu.
  - Laisser reposer au réfrigérateur pendant une heure.
- Dans une poêle beurrée, cuire 18 crêpes de 15 cm de diamètre chacune.
- *Faire suer* les pommes dans le beurre.
- Ajouter la cassonade et la cannelle.
  - Continuer la cuisson pendant 2 ou 3 minutes.
  - Farcir les crêpes avec l'appareil aux pommes.
  - Rouler.
- Poudrer de sucre à glacer.
- Faire chauffer le calvabec. Au moment de l'ébullition, le flamber et le verser aussitôt sur les crêpes.

Il est plus facile de flamber le calvabec bouillant et de le verser ensuite sur les crêpes; toutefois, les habitués peuvent arroser les crêpes d'une petite quantité de calvabec et enflammer le tout.

Ces crêpes peuvent être farcies avec les fruits ou légumes de votre choix.

On peut empiler ces crêpes en les séparant avec un papier ciré et les conserver au congélateur pendant une période maximale de 6 mois. Lors de la décongélation, les laisser couvertes pendant environ 20 minutes à la température de la pièce, puis les rouler, les recouvrir d'un papier d'aluminium et les réchauffer au four à 120°C pendant environ 10 minutes.

Gâteau à la course

Ingrédients

- Oeuf (3 unités)
- Sel (1 mL)
- Sucre (250 mL)
  Graisse ou margarine (150 mL)
- Lait (75 mL)
- Vanille (3 mL)
- Farine à pâtisserie (500 mL)
  Poudre à pâte (10 mL)
- Noix de coco (250 mL)

GARNITURE:
- Gelée ou confiture (250 mL)
- Sucre à glacer (30 mL)
- Noix de coco râpée (250 mL)

Temps de préparation: 30 minutes
Temps de cuisson: 20 minutes
Rendement: 1 gâteau

Ustensiles

— batteur électrique
— cuiller à mesurer
— cul de poule (bol à mélanger)
— *emporte-pièce* rond de 5 cm
— moule rond de 24 cm
— spatule en caoutchouc
— spatule en métal
— tasse à mesurer

Méthode

- Séparer les jaunes d'oeufs des blancs.
- Monter les blancs en neige ferme avec le sel. Réserver.
- Battre en crème le sucre, le gras et les jaunes d'oeufs.
- Incorporer graduellement le lait à l'appareil et battre jusqu'à dissolution complète du sucre.
- Parfumer à la vanille.
- Tamiser ensemble la farine et la poudre à pâte et les mélanger à l'appareil.
  — Y incorporer alors délicatement les blancs en neige.
- Incorporer la noix de coco.
  — Verser dans un moule rond de 24 cm, beurré et fariné.
  — Cuire au centre du four à 180°C pendant environ 1 heure.
  — Refroidir le gâteau avant de le démouler.
  — Démouler et couper le gâteau en deux *abaisses*.

GARNITURE:
- *Napper* le dessus d'une *abaisse* de gelée ou de confiture.
  — Dans l'autre *abaisse*, découper à l'aide d'un *emporte-pièce* rond des rondelles de 5 cm à différents endroits. Prendre soin de ne pas briser les rondelles ni le gâteau.
  — Replacer sur la première l'*abaisse* découpée et garnir les trous de gelée jusqu'à la moitié.

- Poudrer le dessus des rondelles de sucre à glacer.
  — Remettre les rondelles de gâteau qui dépasseront de moitié.
  — Badigeonner le pourtour extérieur du gâteau avec de la gelée.
- Coller de la noix de coco grillée sur le gâteau.

On peut également cuire le mélange dans deux moules.

Vous pouvez *masquer* ce gâteau de crème au beurre au chocolat (voir recette de crème au beurre p. 177).

Biscuits à la mélasse

Ingrédients
- Cassonade (250 mL)
  Beurre (100 mL)
  Graisse (45 mL)
  Oeuf (2 unités)
- Mélasse (300 mL)
  Eau (125 mL)
  Farine faible (1,25 L)
  Bicarbonate de soude (15 mL)
- Sucre granulé (au goût)

Temps de préparation : 15 à 20 minutes
Temps de cuisson : 15 minutes
Rendement : 3 douzaines

Ustensiles
— batteur électrique
— cuiller en bois
— cuiller à mesurer
— cul de poule (bol à mélanger)
— plaque à biscuits
— rouleau à pâtisserie
— roulette à biscuits
— spatule en caoutchouc
— spatule en métal
— tasse à mesurer

Méthode
- Battre en crème la cassonade, le beurre, la graisse et les oeufs.
- Ajouter la mélasse, l'eau et les ingrédients secs tamisés.
  — Dresser à la cuiller, par portion de 25 mL, sur une plaque légèrement beurrée.
- Saupoudrer de sucre granulé.
  — Cuire dans le haut du four à 200°C pendant environ 15 minutes.
  — Si vous préférez former une *abaisse*, préparer la pâte la veille, elle s'étendra mieux. Découper ensuite à l'*emporte-pièce*. Il est d'ail-

leurs préférable de préparer la pâte la veille, les biscuits seront plus tendres.

Ce biscuit se conserve bien au réfrigérateur pendant environ 1 semaine, et au congélateur pendant une période maximale de 6 mois.

Tarte au sirop d'érable de la Beauce

Ingrédients

- Beurre (60 mL)
  Farine (60 mL)
- Sirop d'érable (375 mL)
  Eau (125 mL)
- Noix de Grenoble hachée (125 mL)
- Pâte brisée cuite (voir recette p. 183) (250 g ou 1 *abaisse*)

GARNITURE FACULTATIVE:
- Crème à 35 % (200 mL)
- Sucre à glacer (60 mL)
- Noix de Grenoble (quantité suffisante)

Temps de préparation: 45 minutes
Temps de cuisson: 30 minutes
Rendement: 1 tarte

Ustensiles

— assiette à tarte de 20 cm
— cuiller en bois
— cuiller à mesurer
— cul de poule (bol à mélanger)
— fouet
— marmite de 1 litre
— spatule en caoutchouc
— tasse à mesurer

Méthode

- Faire un *roux* blanc avec le beurre fondu et la farine.
  — Retirer du feu et laisser refroidir.
- *Mouiller* avec le sirop et l'eau bouillante.
  — Remettre sur le feu et amener à ébullition en brassant continuellement jusqu'à épaississement.
  — Laisser mijoter à feu moyen pendant 10 minutes, en brassant sans arrêt.
- Retirer du feu, ajouter les noix et laisser refroidir pendant 10 minutes.
- Verser dans une *abaisse* cuite de 20 cm.

GARNITURE FACULTATIVE:
- Fouetter la crème.
- Ajouter le sucre.
- Garnir la tarte et décorer de noix de Grenoble.

Beignets au cidre de Rougemont

Ingrédients

- Farine tout usage (1,25 L)
- Oeuf (4 unités)
  Cidre (45 mL)
  Sucre à glacer (85 mL)
  Vanille (5 mL)
  Sel (5 mL)
- Farine (quantité suffisante)
- Huile végétale (85 mL)
- Sucre à glacer (quantité suffisante)

Temps de préparation: 15 à 20 minutes
Temps de cuisson: 4 à 5 minutes
Rendement: 4 douzaines

Ustensiles

— coupe-pâte
— cuiller à mesurer
— cul de poule (bol à mélanger)
— écumoire
— grille (ou papier absorbant)
— planche à pâtisserie
— plaque (sous la grille)
— poêle creuse
— rouleau à pâtisserie
— tamis
— tasse à mesurer

Méthode

- Verser la farine dans un grand bol.
- Faire une *fontaine*; verser dans le creux central les oeufs, le cidre, le sucre à glacer, la vanille et le sel.
  — À l'aide d'une fourchette, faire la *détrempe* en mélangeant délicatement la farine et les autres ingrédients.
- Poudrer la planche à pâtisserie de farine et y pétrir la pâte jusqu'à ce qu'elle soit lisse et brillante (environ 10 minutes).
  — Laisser reposer au réfrigérateur pendant au moins 1 heure.
- Faire chauffer l'huile jusqu'à 180°C dans une poêle bien creuse.
  — Diviser la pâte en 8 boules.

- Rouler chacune et *abaisser* la pâte jusqu'à ce qu'elle devienne mince comme une feuille de papier.
- La détailler avec une roulette à pâtisserie en losanges de 15 cm de côté.
- Pratiquer une incision au centre de chaque losange.
- Faire frire dans l'huile 4 ou 5 beignets à la fois, jusqu'à ce qu'ils soient dorés.
- Les retirer de l'huile avec une écumoire et les placer sur une grille pour les laisser égoutter.
* Au moment de servir, saupoudrer les beignets de sucre à glacer.

Il est préférable de préparer la pâte la veille et de la réfrigérer; elle s'étendra mieux et sera moins élastique.

Plus la pâte est mince, plus les beignets seront beaux et croustillants.

Servir avec une salade de fruits ou avec le thé de l'après-midi.

Charlotte aux fraises de Sainte-Anne-des-Plaines

Ingrédients

- Sucre (60 mL)
  Eau (125 mL)
- Grand Marnier (125 mL)
- Beurre (quantité suffisante)
- Doigt de dame (voir recette p. 179) (24 unités)

- Beurre non salé (175 mL)
  Sucre à glacer (125 mL)
- Crème à 35 % (375 mL)
- Amande moulue (125 mL)
  Essence d'amandes (1 mL)
- Fraise fraîche (500 g)

Temps de préparation: 30 à 35 minutes
Temps de réfrigération: 3 heures
Rendement: 6 portions

Ustensiles

- batteur électrique
- casserole de 1 litre
- couteau à émincer
- couteau d'office
- cuiller en bois
- cuiller à mesurer
- cul de poule (bol à mélanger)
- *douille* cannelée
- moule à charlotte de 18 cm de diamètre

- passoire
- poche à pâtisserie
- tasse à mesurer

Méthode
- Faire fondre le sucre dans l'eau sur feu doux.
- Ajouter le Grand Marnier et laisser refroidir ce sirop.
- Beurrer un moule à charlotte.
- Disposer des doigts de dame dans le fond du moule; les arroser de sirop.
  - Tapisser les parois du moule de doigts de dame préalablement trempés dans le sirop.
- Mélanger le beurre et le sucre à glacer.
- Incorporer à ce mélange les deux tiers de la crème préalablement fouettée.
- Ajouter les amandes, l'essence d'amandes et le reste du sirop, s'il y a lieu.
- Laver, trier et équeuter les fraises.
  - Réserver 6 belles fraises pour la décoration et couper les autres en 2.
  - Superposer dans le moule une couche d'appareil à la crème et une couche de fraises jusqu'à épuisement des ingrédients. Terminer par l'appareil à la crème.
  - Laisser prendre au réfrigérateur pendant au moins 3 heures.
  - Démouler en passant une fine lame entre le moule et les biscuits.
  - Placer le reste de la crème fouettée dans une poche à pâtisserie munie d'une *douille* cannelée et décorer la charlotte de crème fouettée.
  - Disposer les fraises entières à la surface.
- Servir froid.

Vous pouvez utiliser des fraises congelées; bien les faire dégeler.

Vous pouvez remplacer les fraises par d'autres fruits, surtout en saison.

Ne pas trop fouetter la crème, elle tournerait en beurre.

Tarte aux oeufs

Ingrédients
TARTE:
- Blanc d'oeuf (5 unités)
  Sel (1 pincée)
- Sucre (30 mL)
- Jaune d'oeuf (5 unités)
  Lait chaud (750 mL)
  Muscade râpée (1 pincée)

- Pâte brisée (voir recette p. 183) (250 g ou 1 *abaisse*)
  Blanc d'oeuf (1 unité)

MERINGUE:
- Blanc d'oeuf (2 unités)
  Sel (1 pincée)
- Sucre (125 mL)
- Noix de coco râpée (125 mL)

Temps de préparation: 20 minutes
Temps de cuisson: 15 à 20 minutes
Rendement: 1 tarte

Ustensiles
- assiette à tarte de 20 cm
- batteur électrique
- cul de poule (bol à mélanger)
- pinceau
- poche à pâtisserie et *douille* cannelée
- spatule en caoutchouc
- tasse à mesurer

Méthode
TARTE:
- Battre les blancs d'oeufs en neige avec le sel.
- Ajouter graduellement le sucre.
- Mélanger les jaunes d'oeufs avec le lait et la muscade.
  — Y incorporer délicatement les blancs d'oeufs en neige.
- Verser dans une *abaisse* non cuite, préalablement badigeonnée avec un blanc d'oeuf.
  — Cuire dans le bas du four à 220°C pendant 10 minutes. Réduire la chaleur à 170°C et continuer la cuisson jusqu'à ce que la crème pâtissière soit prise, soit de 15 à 20 minutes.
  — Laisser refroidir.

MERINGUE:
- Monter les blancs d'oeufs en neige avec le sel.
- Ajouter graduellement le sucre.
  — À l'aide d'une poche à pâtisserie et d'une *douille* cannelée, garnir la tarte de cette meringue.
- Parsemer de noix de coco et dorer au centre du four à 170°C.

Cette tarte peut être présentée sans meringue et servie avec du sirop d'érable.

Flan à l'érable des Bois-Francs

Ingrédients
- Jaune d'oeuf (6 unités)
  Sucre (125 mL)
  Sirop d'érable (125 mL)
- Lait chaud (500 mL)
  Sel (au goût)
- Beurre (quantité suffisante)

Temps de préparation: 15 minutes
Temps de cuisson: 20 à 25 minutes
Rendement: 6 portions

Ustensiles
— couteau à émincer
— couteau d'office
— cuiller en bois
— cul de poule (bol à mélanger)
— grande casserole
— moules à flan individuels (6)
— petite marmite
— tasse à mesurer

Méthode
- Battre légèrement les jaunes d'oeufs avec le sucre et le sirop d'érable.
- Ajouter doucement le lait chaud, assaisonner.
- Verser dans 6 moules à flan beurrés.
    - Déposer les moules dans une casserole.
    - Ajouter de l'eau chaude dans la casserole de façon à ce que les moules trempent jusqu'à moitié dans l'eau.
    - Cuire au four à 150°C jusqu'à consistance ferme et jusqu'à ce que la lame d'un couteau plongée dans le flan en ressorte propre.

On peut remplacer le sucre blanc et le sirop par 85 mL de «sucre du pays».

Éviter de trop battre les oeufs, autrement le flan deviendrait spongieux au lieu d'être lisse.

Tout flan doit être cuit au bain-marie dans un plat d'eau chaude, cette cuisson est meilleure et plus égale.

On peut servir le flan à la température de la pièce avec du sirop d'érable ou avec de la crème à 15 %.

Tourte aux pêches

Ingrédients
- Beurre (125 mL)
  Fromage à la crème ramolli (125 mL)
- Farine (250 mL)
  Sucre (30 mL)
  Sel (1 pincée)
- Crème à 15 % (30 mL)
- Farine (quantité suffisante)

GARNITURE:
- Pêche (grosseur moyenne) (8 à 10 unités)
- Farine (15 mL)
  Sucre (30 mL)
  Beurre fondu (45 mL)
  Vanille (5 mL)
- Jaune d'oeuf (1 unité)
  Eau froide (10 mL)
- Sucre (5 mL)

Temps de préparation: 20 minutes
Temps de cuisson: 30 minutes
Rendement: 6 portions

Ustensiles
— batteur électrique
— couteau d'office
— cuiller à mesurer
— cul de poule (bol à mélanger)
— écumoire
— papier ciré
— petite marmite
— plat allant au four
— rouleau à pâtisserie
— spatule en caoutchouc
— tamis
— tasse à mesurer

Méthode
- Battre dans un grand bol le beurre et le fromage jusqu'à ce que le mélange soit homogène et mousseux.
- Tamiser ensemble la farine, le sucre et le sel; ajouter à l'appareil.
- Ajouter ensuite la crème et mélanger le tout jusqu'à obtention d'une pâte; former une boule.
- Fariner cette boule, l'envelopper dans du papier ciré et la déposer au réfrigérateur le temps de préparer la garniture.

GARNITURE:
— Faire chauffer le four à 190°C.
- *Blanchir* les pêches et retirer la pelure.
 — Les couper en tranches assez minces.
- Mélanger la farine, le sucre, les tranches de pêches, le beurre fondu et la vanille.
 — Bien mélanger, puis déposer dans un plat allant au four.
 — Retirer la pâte du réfrigérateur, l'*abaisser* de façon à ce qu'elle recouvre entièrement votre plat rectangulaire allant au four.
 — Bien la fixer tout autour.
- À l'aide d'un pinceau à pâtisserie, badigeonner uniformément la pâte d'une *dorure* (jaune d'oeuf et eau).
- Saupoudrer de sucre.
 — Faire des entailles à la surface de la pâte afin d'enjoliver la tarte et de permettre à la vapeur de s'échapper.
 — Cuire au centre du four à 190°C jusqu'à ce que la pâte soit dorée.

On peut remplacer les pêches par des pommes en ajoutant 5 mL de cannelle et du zeste d'orange ou de citron.

On peut également les remplacer par des poires, des prunes ou des raisins, au goût.
- Servir à la température de la pièce, avec de la crème glacée ou de la crème douce.

Sorbet aux fraises

Ingrédients
- Fraise (375 mL)
  Sucre (85 mL)
- Lait condensé sucré (250 mL)
  Sel (1 pincée)

  Jus de citron (30 mL)
- Blanc d'oeuf (2 unités)

Temps de préparation: 10 minutes
Temps de congélation: 1 heure
Rendement: 6 portions

Ustensiles
- batteur électrique
- cuiller en bois
- cuiller à mesurer
- cul de poule (bol à mélanger)
- spatule en caoutchouc
- tasse à mesurer

Méthode
- Saupoudrer les fraises de sucre.
  - Laisser reposer 10 minutes.
- Ajouter le lait, le sel et le jus de citron.
  - Déposer au congélateur et laisser prendre légèrement.
- Ajouter les blancs d'oeufs battus en neige et bien fouetter à la plus grande vitesse du batteur électrique.
  - Remettre au congélateur et laisser prendre pendant au moins 1 heure ou jusqu'à congélation complète.

Vous pouvez remplacer les fraises par d'autres fruits en saison.

On peut verser des fruits frais en saison sur le sorbet.

Variante de ce dessert: *chemiser* un moule de 24 cm avec le sorbet aux fraises. Tapisser ensuite le pourtour du moule d'une crème glacée à la vanille. Mélanger une autre portion de crème glacée avec des bleuets et déposer au centre du moule. Faire congeler. Démouler sur une génoise (voir recette p. 181) en passant le moule sous l'eau chaude. Décorer de crème fouettée, de sucre teinté en bleu et de fraises fraîches.

Tarte au «mincemeat»

Ingrédients

- Graisse animale de boeuf hachée (suif) (375 mL)
  Noix mélangées hachées (125 mL)
  Raisin (500 mL)
  Sucre (250 mL)
  Fruits confits (375 mL)
  Cannelle (2 mL)
  Muscade (5 mL)
  Pain en cubes (250 mL)
  Jus d'orange (250 mL)
  Rhum (125 mL)
  Pâte brisée (voir recette p. 183) (500 g ou 2 *abaisses*)
- Sucre (quantité suffisante)

Temps de préparation: 15 minutes
Temps de cuisson: 20 minutes
Rendement: 1 tarte

Ustensiles

— assiette à tarte de 24 cm
— couteau à émincer
— cuiller en bois
— cuiller à mesurer
— grand cul de poule (bol à mélanger)
— marmite
— presse-jus
— récipient en grès ou bocal
— tasse à mesurer

Méthode

- Bien mélanger le tout et verser dans une *abaisse* de pâte brisée de 24 cm.
  — Couvrir d'une autre *abaisse*.
- Saupoudrer de sucre.
- Cuire dans le bas du four à 200 °C pendant environ 20 minutes.

On peut mélanger tous les ingrédients et les conserver au réfrigérateur dans un bocal ou un récipient en grès. Cette préparation peut se conserver longtemps grâce à l'alcool qu'elle contient.

Le mincemeat prend de la saveur s'il est préparé assez longtemps avant d'être utilisé.

On peut ajouter des raisins de Corinthe.

Gâteau aux fruits

Ingrédients

- Farine tout usage (500 mL)
  Épices mélangées (5 mL)
  Cannelle (12 mL)
  Muscade (5 mL)
  Clou de girofle (2 mL)
  Sel (2 mL)
  Bicarbonate de soude (4 mL)
- Zeste d'orange (1 unité)
- Raisin de Corinthe (500 mL)
  Cerise rouge confite (250 mL)
  Cerise verte confite (250 mL)
  Raisin sec sans pépins (250 mL)
  Fruits confits (250 mL)

  Écorce de fruits confits (125 mL)
  Datte (250 mL)
  Figue (250 mL)
  Noix de coco râpée (250 mL)
  Amande *émondée* entière (250 mL)
  Jus de fruit ou vin (125 mL)
  Café fort (250 mL)

  PÂTE:
- Beurre (250 mL)
- Sucre (250 mL)
  Mélasse (250 mL)
- Oeuf (7 unités)
- Beurre (quantité suffisante)

Temps de préparation: 25 minutes
Temps de cuisson: 3 heures
Rendement: 2 gâteaux

Ustensiles

— batteur électrique
— casserole
— cuiller en bois
— cuiller à mesurer
— grand cul de poule (grand bol à mélanger)
— fouet
— marmite
— moules (2) en couronne de 2 litres
— papier brun ciré ou papier brun beurré
— râpe
— tamis
— tasse à mesurer

Méthode

- Tamiser ensemble la farine, les assaisonnements et le bicarbonate de soude.
- Ajouter le zeste d'orange.
  — Réserver un peu de cette farine assaisonnée pour fariner les fruits.
- Préparer tous les fruits et les tremper dans le jus de fruit (ou le vin) mélangé avec le café; laisser *macérer* pendant au moins une nuit.

- Égoutter.
- Fariner ces fruits *macérés* et les réserver.

PÂTE:
- Amollir le beurre.
- Ajouter graduellement le sucre, la farine et la mélasse.
- Ajouter les oeufs un à un et bien battre après chaque addition.
  - Incorporer enfin les fruits farinés.
- Placer une double épaisseur de papier brun beurré dans 2 moules en couronne.
  - Verser la pâte.
  - Choisir 2 casseroles assez grandes pouvant contenir les moules; y placer les moules et remplir les casseroles d'eau bouillante de façon à ce que les moules baignent dans l'eau à mi-hauteur.
  - Faire cuire au centre du four à 150°C pendant 2 heures 30 d'abord.
  - Retirer ensuite les casseroles d'eau, réduire la chaleur du four à 120°C et continuer la cuisson pendant environ 30 minutes ou jusqu'à ce que la lame d'un couteau plongée dans le gâteau en ressorte propre.
  - Laisser refroidir.
  - Démouler et conserver au réfrigérateur, dans un récipient hermétiquement fermé.

Le papier brun ciré se vend sur le marché; à défaut, utiliser le papier brun des sacs d'épicerie et bien le graisser.

Le gâteau aux fruits est toujours le bienvenu à l'heure du thé.

Il accompagne bien une salade de fruits, un sorbet ou une crème renversée.

Il est préférable de préparer ce gâteau quelques mois à l'avance, il sera beaucoup plus savoureux.

Au moment de le servir, on peut le flamber au cognac, au brandy, au Cointreau ou au Grand Marnier. Pour ce faire, réchauffer le gâteau, recouvert de papier d'aluminium, dans un four à 150°C de 10 à 15 minutes. Retirer du four et déposer sur une assiette de service. Chauffer l'alcool jusqu'à ébullition. Flamber l'alcool et verser immédiatement sur le gâteau chaud.

Tarte à la citrouille

Ingrédients
- Raisin sec (125 mL)
  Citrouille cuite en purée
  (500 mL)
- Oeuf (2 unités)
- Lait (250 mL)

- Sucre (250 mL)
  Sel (2 mL)
  Gingembre (10 mL)
  Mélasse (30 mL)
- Pâte brisée (voir recette p. 183) (250 g ou 1 *abaisse*)

Temps de préparation: 20 minutes
Temps de cuisson: 20 minutes
Rendement: 1 tarte

Ustensiles
— assiette à tarte de 24 cm
— cuiller à mesurer
— fouet
— grand cul de poule (grand bol à mélanger)
— spatule en caoutchouc
— tasse à mesurer

Méthode
- Laver les raisins secs et les mélanger à la citrouille.
- Battre les oeufs.
- Ajouter le lait, le sucre, le sel, le gingembre, la mélasse et le mélange de citrouille.
- Verser dans l'*abaisse* non cuite.
  — Cuire dans le bas du four à 200°C pendant 10 minutes. Diminuer la chaleur à 180°C et continuer la cuisson pendant environ 10 minutes ou jusqu'à coloration.

Cette tarte est délicieuse, économique et facile à préparer.

Il n'est pas indispensable d'ajouter des raisins secs.

Vous pouvez faire cuire la citrouille avec du jus et du zeste d'orange, elle sera meilleure.

Il est préférable de passer la citrouille cuite au mélangeur. Il est important d'enlever une bonne épaisseur en la pelant.

Pour cette tarte, vous pouvez utiliser de la citrouille congelée.

Diplomate au rhum

Ingrédients

REMPLISSAGE:
- Chocolat non sucré (2 carrés ou 60 g)
- Sucre (125 mL)
  Sel (1 mL)
  Rhum (15 mL)
  Essence de rhum (15 mL)
  Lait (85 mL)
- Gélatine neutre (15 mL)
  Eau froide (60 mL)
- Crème fouettée (250 mL)
- Génoise cuite (voir recette p. 181) (1 gâteau)

GARNITURE:
- Sucre (60 mL)
  Sel (1 pincée)
  Crème à 15 % (125 mL)
  Jaune d'oeuf (2 unités)
  Lait (125 mL)
- Gélatine neutre (15 mL)
  Eau froide (60 mL)
- Blanc d'oeuf (2 unités)
  Sucre (90 mL)
- Essence de rhum (5 mL)

Temps de préparation: 30 minutes
Temps de cuisson: 25 minutes
Rendement: 6 portions

Ustensiles

— bain-marie
— batteur électrique
— cuiller en bois
— cuiller à mesurer
— cul de poule (bol à mélanger)
— fouet
— moule à gâteau de 20 à 23 cm
— tasse à mesurer

Méthode

REMPLISSAGE:
- Faire fondre le chocolat au bain-marie.
- Ajouter le sucre, le sel, le rhum, l'essence de rhum et le lait.
  — Laisser chauffer pendant environ 5 minutes sur feu moyen.
- Verser cette préparation chaude sur la gélatine préalablement *gonflée* à l'eau froide.
  — Mettre au réfrigérateur jusqu'à ce que le mélange soit à moitié pris.
- Ajouter alors la crème fouettée et fouetter le mélange jusqu'à ce qu'il ait la consistance de la crème glacée molle.
- Verser sur une génoise cuite de 20 à 23 cm.
  — Réfrigérer à nouveau pendant au moins 2 heures avant de garnir.

GARNITURE:
- Mélanger dans la partie supérieure d'un bain-marie le sucre, le sel, la crème et les jaunes d'oeufs battus avec le lait.

- — Cuire au bain-marie jusqu'à épaississement.
- Retirer du feu et verser sur la gélatine préalablement *gonflée* à l'eau froide.
  - — Laisser refroidir au réfrigérateur jusqu'à ce que le mélange soit à moitié pris.
- Battre les blancs d'oeufs en neige ferme avec le sucre.
  - — Les incorporer au premier mélange.
- Aromatiser à l'essence de rhum.
  - — Verser sur la préparation au chocolat.
  - — Laisser prendre au réfrigérateur pendant au moins 1 heure avant de servir.

Mousseline au citron

Ingrédients

- Eau ou jus de fruit chaud (285 mL)
  Gélatine (45 mL)
- Jus de citron (50 mL)
  Zeste de citron (1 unité)
- Blanc d'oeuf (4 unités)
  Sel (1 pincée)
- Sucre (125 mL)
- Essence de citron (au goût)
- Crème fouettée (quantité suffisante)
  ou
  Sauce au citron (voir recette p. 185) (6 portions)

Temps de préparation: 15 à 20 minutes
Temps de réfrigération: 1 heure ou plus
Rendement: 6 portions

Ustensiles

- — batteur électrique
- — coupes à dessert (6)
- — cuiller à mesurer
- — cul de poule (bol à mélanger)
- — fouet
- — moule à charlotte de 20 cm
- — petite marmite
- — râpe
- — tasse à mesurer

Méthode

- Amener à ébullition l'eau ou le jus de fruits. Retirer du feu et ajouter la gélatine en fine pluie.
- Bien fouetter jusqu'à ce que la gélatine soit fondue; ajouter alors le jus et le zeste de citron.

- Laisser prendre au réfrigérateur pendant environ 20 minutes ou jusqu'à ce que le mélange soit à moitié pris.
• Battre les blancs d'oeufs en neige avec le sel.
• Lorsqu'ils sont bien montés, ajouter le sucre et bien fouetter.
- Les incorporer au premier mélange à moitié pris et faire une belle mousse en battant à la plus grande vitesse du batteur électrique.
• Ajouter l'essence de citron.
• Verser dans des coupes individuelles et garnir de crème fouettée ou de sauce au citron. Ou verser dans un moule à charlotte et laisser prendre au réfrigérateur; démouler en passant le moule sous l'eau chaude et garnir de crème fouettée ou de sauce au citron.

On peut faire une tarte en versant cette préparation dans une *abaisse* de pâte brisée et en la garnissant de crème fouettée.

Barres aux noix et aux dattes

Ingrédients

- Beurre (45 mL)
  Sucre (250 mL)
- Jaune d'oeuf (3 unités)
- Noix de Grenoble hachée (250 mL)
  Datte hachée (500 mL)
- Farine (250 mL)
  Poudre à pâte (5 mL)
  Sel (1 mL)

- Blanc d'oeuf (3 unités)
  Vanille (3 mL)
- Beurre (quantité suffisante)
- Sucre granulé (quantité suffisante)

Temps de préparation: 30 minutes
Temps de cuisson: 15 à 20 minutes
Rendement: 2 douzaines

Ustensiles

- batteur électrique
- cuiller à mesurer
- cul de poule (bol à mélanger)
- moule carré de 30 cm^2 et de 2,5 cm de hauteur
- spatule en caoutchouc
- tamis
- tasse à mesurer

Méthode

- Battre le beurre en crème avec le sucre.
- Ajouter un à un les jaunes d'oeufs en battant bien après chaque addition.
- Ajouter les noix et les dattes hachées.
- Incorporer alors la farine préalablement tamisée avec la poudre à pâte et le sel.
- Battre les blancs d'oeufs en neige ferme; ajouter la vanille.
  — Les incorporer délicatement au premier mélange.
- Placer dans un moule beurré peu profond.
  — Cuire au centre du four à 180°C pendant environ 15 minutes.
  — Laisser refroidir.
- Couper en barres de 2 cm de large sur 6 cm de long et rouler dans le sucre.

Se sert bien avec une salade de fruits, une crème renversée, du jello ou une mousse.

Se congèle très bien.

Gâteau réfrigérateur

Ingrédients

- Beurre (15 mL)
- Café fort (175 mL)
  Jaune d'oeuf (2 unités)
  Cacao (30 mL)
  Sucre à glacer (650 mL)
  Sel (4 mL)
- Biscuits secs (450 g)

Temps de préparation:	15 minutes
Temps de réfrigération:	2 à 3 heures
Rendement:	1 gâteau

Ustensiles

— couteau d'office
— cuiller à mesurer
— cul de poule (bol à mélanger)
— papier ciré
— plaque à biscuits de 24 X 16 cm
— rouleau à pâtisserie
— tasse à mesurer

Méthode
- Faire fondre le beurre.
- Ajouter le café chaud, les jaunes d'oeufs battus, le cacao, le sucre à glacer et le sel.
- Écraser les biscuits et les ajouter à la préparation.
  — Bien mélanger le tout.
  — Verser dans la plaque à biscuits tapissée d'un papier ciré.
  — Laisser prendre au réfrigérateur au moins 2 heures avant de démouler.

Pour écraser les biscuits, les placer dans un sac en plastique et les écraser avec le rouleau à pâtisserie.

Ce gâteau peut se façonner en boulettes; on les *masque* alors de chocolat mi-sucré fondu au bain-marie et on les sert comme petits fours.

C'est une bonne façon d'utiliser les biscuits secs brisés.

DIVERS
1) Marinades (PHOTO)
2) Citrouille de chez nous
3) Punch aux fruits
4) Brioches du Vendredi saint
5) Punch «écume de mer»
6) Pizza
7) Ketchup vert
8) Sandwiches variés
9) Fèves au lard
10) Relish

Marinades

Ingrédients

- Sucre (625 mL)
  Vinaigre (500 mL)
  Sel (10 mL)
  Graine de céleri (2 mL)
  Poudre de curcuma (2 mL)
  Graine de moutarde (2 mL)
- Oignon émincé (500 mL)
  Concombre *épépiné* en morceaux (1 L)
  Poivron vert en morceaux (250 mL)
  Poivron rouge en morceaux (250 mL)
  Haricot vert en morceaux (250 mL)
  Haricot jaune en morceaux (250 mL)
  Courgette (zucchini) en rondelles (500 mL)
  Gousse d'ail hachée (1 unité)

Temps de préparation: 1 heure
Temps de cuisson: 20 minutes
Rendement: 2,5 litres

Ustensiles

— bocaux hermétiques
— couteau à émincer
— cuiller en bois
— cuiller à mesurer
— louche de 125 mL
— marmite
— tasse à mesurer de 1 litre

Méthode

- Faire mijoter dans une casserole, pendant 10 minutes, le sucre, le vinaigre, le sel, les graines de céleri, la poudre de curcuma et les graines de moutarde.
- Ajouter les légumes.
  — Faire chauffer et remuer délicatement.
  — Arrêter la cuisson dès l'apparition du premier bouillon.
  — Verser dans des pots stérilisés.
  — Sceller les pots.

Pour stériliser les bocaux, les placer au four à 120°C pendant 10 minutes ou les placer dans une casserole remplie d'eau et amener l'eau à ébullition.

Citrouille de chez nous

Ingrédients
- Eau (250 mL)
  Sucre (500 mL)
  Zeste d'orange (1 unité)
  Jus d'orange (1 unité)
- Gélatine aromatisée au citron (60 mL)
- Citrouille en cubes (1 L)

Temps de préparation: 15 minutes
Temps de cuisson: 20 à 25 minutes
Rendement: 1,5 litre

Ustensiles
— casserole
— couteau économe
— cuiller en bois
— cul de poule de 2 litres (bol à mélanger)
— grand couteau à émincer
— râpe
— tasse à mesurer

Méthode
- Faire bouillir l'eau avec le sucre, le zeste et le jus d'orange.
- Y verser la gélatine en pluie; remuer jusqu'à dissolution de la gélatine.
- Ajouter la citrouille et faire mijoter de 20 à 25 minutes, jusqu'à ce que les morceaux de citrouille deviennent translucides.
- Servir tiède ou froid.

La citrouille crue se congèle; on la coupe en cubes afin d'économiser de l'espace.

On peut utiliser la citrouille congelée pour préparer cette recette.

On peut préparer de délicieuses croustilles à la citrouille: on étend de la compote de citrouille dans un plat allant au four et on la couvre d'un appareil de carrés aux dattes.

Punch aux fruits

Ingrédients

- Airelle d'Amérique (canneberge) (1 L)
  Eau (1,5 L)
- Sucre (500 mL)
- Jus de pamplemousse (125 mL)

- Jus de citron (125 mL)
  Grenadine (45 mL)
  Soda au gingembre (*Ginger Ale*) (4 bouteilles de 750 mL)
- Glace (quantité suffisante)

Temps de préparation: 15 minutes
Temps de rafraîchissement: au besoin
Rendement: 5 litres

Ustensiles

— cuiller à mesurer
— cuiller à punch
— grand bol à punch
— tasse à mesurer

Méthode

- Faire cuire les airelles jusqu'à ce qu'elles soient tendres.
  — Les *passer* au chinois.
  — Placer le jus dans un bol et réserver la pulpe pour une autre utilisation.
- Ajouter le sucre au jus d'airelle.
  — Mélanger et laisser refroidir.
- Ajouter les jus de fruits, la grenadine et le soda au gingembre.
- Verser dans un bol à punch après y avoir déposé de la glace.

Ce punch peut se préparer la veille. N'ajouter le soda au gingembre et la glace qu'au moment de servir.

À défaut de jus frais, utiliser des jus congelés.

La pulpe d'airelles additionnée de sucre est délicieuse avec du poulet ou de la dinde.

Brioches du Vendredi saint

Ingrédients

- Levure fraîche (30 mL)
  ou levure sèche (15 mL)
  Lait tiède (300 mL)
  Sucre (75 mL)
- Beurre (125 mL)
- Oeuf (1 unité)
- Farine tout usage (875 mL)
  Sel (10 mL)

- Quatre-épices (1 mL)
  Cannelle (1 mL)
- Raisin sec (125 mL)
- Beurre (quantité suffisante)
- Cassonade (125 mL)
  Lait (30 mL)

Temps de préparation: 3 1/2 à 4 heures
Temps de cuisson: 20 minutes
Rendement: 24 unités

Ustensiles

— ciseaux
— coupe-pâte
— cuiller à mesurer
— cul de poule (bol à mélanger)
— fouet
— marmite de 1 litre
— pinceau
— plaque à pâtisserie
— plastique pour couvrir
— spatule en caoutchouc
— tamis
— tasse à mesurer

Méthode

- Délayer la levure dans le lait tiède auquel on a ajouté le sucre.
- Ajouter le beurre.
- Incorporer l'oeuf battu.
  — Laisser reposer dans un endroit tiède pendant 5 minutes.
- Tamiser ensemble la farine, le sel et les épices.
  — Incorporer la levure aux ingrédients secs.
  — *Fraiser* cette pâte de 10 à 15 minutes environ, jusqu'à obtention d'une pâte légère et élastique.
  — Couvrir d'un papier plastique ou d'un linge humide et laisser reposer dans un endroit tiède pendant environ 1 heure, afin que la pâte puisse doubler de volume.
- Incorporer les raisins en *fraisant* de nouveau.
- Façonner 24 boules lisses et les disposer sur une plaque beurrée.
  — Avec des ciseaux, former une croix sur le dessus de chaque brioche.

- Couvrir et laisser de nouveau gonfler jusqu'à ce que la pâte double de volume.
- Cuire au four à 190°C, pendant environ 20 minutes.
• Pendant ce temps, faire bouillir la cassonade et le lait.
- Sortir les brioches cuites du four et les badigeonner de ce mélange.

Pour varier, on peut mélanger 250 mL d'eau froide et 15 mL de farine, et amener à ébullition. Mettre cette pâte dans une douille et tracer une croix sur le dessus de chaque brioche. Cuire au four à 190°C pendant environ 20 minutes.

Punch «écume de mer»

Ingrédients

- Poudre à jus de citron-limette (45 mL)
- Sucre (125 mL) Lait (1 L)
- Crème glacée à la vanille (500 mL)
- Boisson gazeuse au citron-pamplemousse, ou au citron, ou *Seven-Up*, ou *Ginger Ale* (200 mL)

Temps de préparation: 10 minutes
Rendement: 6 personnes et plus

Ustensiles
- bol à punch
- couteau d'office
- cuiller à crème glacée
- cuiller à punch
- fouet
- tasse à mesurer

Méthode
• Placer la poudre à jus dans un bol à punch.
• Ajouter le sucre et le lait.
- Brasser pour bien dissoudre.
• Y déposer la crème glacée par petites boules plus ou moins rondes.
• Verser la boisson gazeuse lentement sur la bordure du bol.
• Servir immédiatement.

Peut être servi l'après-midi ou au début d'une réception de jeunes; c'est une boisson sans alcool très rafraîchissante.

Pizza

Ingrédients

PÂTE:
- Levure fraîche ou levure sèche (1 enveloppe)
  Eau tiède (625 mL)
- Sucre (60 mL)
  Oeuf (2 unités)
- Farine tout usage (1,6 L)
  Sel (15 mL)
- Beurre (quantité suffisante)

SAUCE:
- Oignon moyen émincé (2 unités)
  Beurre (60 mL)
  Huile (60 mL)
- Tomate concassée (800 mL)
  Gousse d'ail écrasée (1/2 unité)
  Purée de tomates (175 mL)
  Sauce Worcestershire (quelques gouttes)
  Sel (5 mL)
  Poivre (1 pincée)
  Origan (1 pincée)
  Basilic (1 pincée)
- Fécule de pommes de terre ou de maïs (30 mL)
  Eau froide (quantité suffisante)

GARNITURE:
- Champignon frais tranché (225 g)
  Piment vert en tranches (3 unités)
- Pepperoni en rondelles (225 g)
  Mozzarella (225 g environ)
- Huile (quantité suffisante)

Temps de préparation:	Pâte: 35 à 40 minutes Sauce: 15 minutes Pizza: 15 minutes
Temps de cuisson:	Pâte: 20 à 25 minutes Sauce: 30 minutes Pizza: 20 à 25 minutes
Rendement:	Pâte: 2 pizzas de 24 cm Sauce: 6 à 8 personnes Pizza: 2 unités

Ustensiles

PÂTE:
— assiette à pizza de 30 cm de diamètre
— batteur électrique et crochet
— cuiller à mesurer
— cul de poule (bol à mélanger)
— fouet
— pinceau à pâtisserie
— plastique pour couvrir la pâte
— tasse à mesurer

Salade pascale, voir recette p. 110 ▷

SAUCE:
— chaudron
— couteau à émincer
— couteau d'office
— cuiller en bois
— cuiller à mesurer
— cul de poule (bol à mélanger)
— tasse à mesurer

Méthode

PÂTE:
- Délayer la levure avec l'eau tiède.
  — Laisser lever 5 à 10 minutes.
- Ajouter le sucre et les oeufs.
- Tamiser la farine avec le sel.
  — Verser l'appareil (levure et oeufs) sur la farine et pétrir pendant 15 minutes à vitesse moyenne avec le crochet du batteur électrique.
- Beurrer un bol, y déposer la pâte et la laisser lever pendant 1 heure.
  — Diviser ensuite en 2 boules et *abaisser*. Disposer dans une assiette à pizza.

SAUCE:
- *Faire suer* les oignons dans le beurre et l'huile.
- Ajouter les tomates réduites en purée et les assaisonnements.
  — Mettre sur feu doux et laisser mijoter pendant 10 minutes.
- *Lier* avec la fécule de pomme de terre délayée dans un peu d'eau froide.
  — Laisser mijoter pendant encore 30 minutes.

GARNITURE:
- *Napper* la pâte à pizza de sauce (tiède ou froide).
- Recouvrir de champignons et de piments tranchés.
- Disposer de fines rondelles de pepperoni et recouvrir le tout de mozzarella râpé ou tranché.
- Badigeonner d'huile la bordure non garnie de la pâte.
  — Couvrir la pizza d'un papier plastique.
  — Laisser reposer pendant 20 minutes afin de laisser lever la pâte de nouveau.
  — Cuire dans le bas du four à 200°C pendant 25 minutes.

◁ *Marinades, voir recette p. 155*

Ketchup vert

Ingrédients

- Tomate (4,5 L)
  Oignon (6 unités)
- Gros sel (250 mL)
- Cassonade (1,8 L)
  Clou de girofle (5 mL)

  Cannelle (5 mL)
  Moutarde (5 mL)
  Gingembre (5 mL)
  Épices mélangées (30 mL)
- Vinaigre (quantité suffisante)

Temps de préparation: 20 minutes
Temps de cuisson: 1 1/2 heure environ
Rendement: 5 litres

Ustensiles

— batteur électrique
— bocal
— chaudière en plastique
— cuiller en bois
— cuiller à mesurer
— louche
— marmite de 3 litres
— robot culinaire ou couteau à émincer
— tasse à mesurer

Méthode

- Couper les tomates et les oignons en tranches.
- Mélanger avec le gros sel et laisser reposer toute la nuit.
  — Égoutter et rincer à l'eau froide si le mélange est trop salé.
- Ajouter la cassonade et les assaisonnements.
  — Placer dans une marmite de 3 litres.
- Couvrir de vinaigre.
  — Faire cuire à feu moyen pendant 1 heure 30.
  — Verser le ketchup chaud dans les bocaux stérilisés. Laisser tiédir un peu et fermer hermétiquement.

Pour stériliser les bocaux, les placer au four à 120°C pendant 10 minutes ou les placer dans une casserole remplie d'eau et amener l'eau à ébullition.

Ce ketchup se conserve pendant toute une saison dans un endroit frais.

Il est délicieux avec la tourtière, le ragoût, le rôti de porc ou de veau.

Sandwiches variés

Ingrédients

SANDWICHES EN RUBAN :
- Oeuf dur (4 unités)
- Mayonnaise (quantité suffisante)
- Cornichon haché (15 mL)
- Échalote hachée (1 unité)
- Sel (au goût)
- Poivre (au goût)
- Pain tranché (4 tranches)

SANDWICHES ROULÉS :
- Cerise au marasquin coupée (60 mL)
- Sirop de cerises au marasquin (quelques gouttes)
- Fromage à la crème (250 mL)
- Pain tranché (5 tranches)
- Cerise (5 unités)

SANDWICHES EN DAMIERS :
- Cheez Whiz (250 mL)
- Datte dénoyautée finement hachée (125 mL)
- Pain tranché (6 tranches)

Temps de préparation :
15 minutes pour chaque recette

Rendement :
Sandwiches en ruban : 4 sandwiches
Sandwiches roulés : 5 sandwiches
Sandwiches en damiers : 6 sandwiches

Ustensiles
— couteau à émincer
— cuiller à mélanger
— cuiller à mesurer
— tasse à mesurer

Méthode

SANDWICHES EN RUBAN :
- Couper les oeufs durs en petits morceaux.
- Ajouter la mayonnaise, les cornichons hachés, l'échalote verte hachée, le sel et le poivre.
- Mélanger le tout et farcir des tranches de pain de ce mélange.

SANDWICHES ROULÉS :
- Ajouter des cerises rouges coupées et quelques gouttes de sirop des cerises au fromage à la crème ramolli.
- Tartiner les tranches de pain avec ce mélange.
- Placer une cerise au centre et rouler.

SANDWICHES EN DAMIERS :
- Mélanger le fromage et les dattes finement hachées.
- Étendre ce mélange sur les tranches de pain et former des damiers.

Ces sandwiches se congèlent très bien.

Il est important que le pain soit très frais lorsque vous préparez les sandwiches roulés.

Ces sandwiches peuvent être servis lors d'une fête pour enfants ou pour une collation.

Fèves au lard

Ingrédients
- Fève sèche (1 L)
- Lard salé gras (225 g)
- Oignon émincé (2 unités)
- Mélasse (60 mL)
  Moutarde en poudre (5 mL)
- Ketchup rouge ou vert (ou jus de tomate) (85 mL)
- Cassonade (175 mL)
- Poivre (au goût)
- Sel (au goût)

Temps de préparation: 15 à 20 minutes
Temps de cuisson: 8 heures
Rendement: 8 à 10 portions

Ustensiles
— couteau à émincer
— cuiller en bois
— cuiller à mesurer
— jarre à fèves ou marmite
— tasse à mesurer

Méthode
- Faire tremper les fèves dans de l'eau froide pendant au moins 5 heures.
  — Jeter l'eau de trempage et *mouiller* à nouveau d'eau froide.
  — Amener à ébullition, laisser bouillir pendant quelques secondes et jeter l'eau.
- Ébouillanter le lard, retirer la couenne et le couper en petites bandes de 1 cm.
- Dans la jarre à fèves, superposer une épaisse couche de fèves, 2 ou 3 bandes de lard, les oignons et ainsi de suite jusqu'à épuisement des ingrédients.
- Mélanger la mélasse, la moutarde, le ketchup, la cassonade et les assaisonnements.
  — Verser sur les fèves avec de l'eau bouillante en quantité suffisante pour couvrir les fèves pendant la cuisson.
  — Cuire au four à 100°C pendant environ 8 heures.

La moutarde donne aux fèves un goût délicieux et les empêche de se briser.

On peut ajouter, à la première cuisson, un oignon piqué de 3 clous de girofle.

Les fèves jaunes et les fèves de Lima sont délicieuses cuites de cette façon.

Les fèves au lard se conservent au congélateur pendant une période maximale de 3 mois. Elles sont meilleures quand elles sont réchauffées.

Relish

Ingrédients

- Concombre (8 à 10 unités)
  Oignon moyen (8 unités)
  Piment vert (1 unité)
  Piment rouge (1 unité)

MARINADE:
- Sucre (1,2 L)
  Vinaigre blanc (1 L)
  Sel (5 mL)
  Graines de céleri (5 mL)
  Poudre de curcuma (5 mL)
  Graines de moutarde (5 mL)

Temps de préparation: 20 minutes
Temps de cuisson: 20 minutes
Rendement: 725 mL

Ustensiles

— bocaux hermétiques
— cuiller en bois
— cuillers à mesurer
— hachoir
— linge sec
— louche
— marmite
— passoire
— tasse à mesurer

Méthode

- Hacher les légumes au hachoir.
  — Placer dans une passoire et les laisser égoutter pendant environ 20 minutes.
- Pendant ce temps, mélanger tous les ingrédients de la marinade dans une marmite.
  — Placer sur un feu vif.
  — Amener à ébullition et retirer du feu immédiatement.
  — Ajouter les légumes à la marinade bouillante.
  — Amener à nouveau à ébullition et retirer immédiatement du feu.
  — Verser la relish chaude dans des bocaux stérilisés.
  — Laisser refroidir et fermer les bocaux hermétiquement.
  — Conserver dans un endroit frais.

Pour stériliser les bocaux, les placer au four à 120°C pendant 10 minutes ou les placer dans une casserole remplie d'eau et amener l'eau à ébullition.

La relish peut être servie avec la viande, les hamburgers et le poisson.

On peut mélanger cette relish à la mayonnaise pour faire une sauce tartare.

RECETTES COMPLÉMENTAIRES

1) Appareil pour paner à l'anglaise

2) Crème au beurre

3) Croûtons à l'ail

4) Doigts de dame

5) Fumet de poisson

6) Génoise

7) Pâte à gaufrettes

8) Pâte à l'eau chaude

9) Pâte brisée de base

10) Pâte semi-feuilletée

11) Sauce au citron

12) Sauce béchamel

13) Sauce hollandaise

14) Sauce Mornay

15) Sauce tartare

16) Velouté de volaille

Appareil pour paner à l'anglaise

Ingrédients
- Farine forte (100 mL)
  Sel (1 mL)
- Oeuf (1 unité)
  Sel (1 mL)
  Lait (85 mL)
- Chapelure (200 mL)
  Paprika (facultatif) (1 mL)

Temps de préparation: 10 minutes
Rendement: 6 portions

Ustensiles
— bol à mélanger
— cuiller à mesurer
— fouet
— tamis
— tasse à mesurer

Méthode
- Tamiser la farine et le sel.
- Battre l'oeuf avec le sel et le lait.
- Bien mélanger la chapelure et le paprika.
  — Fariner légèrement mais uniformément le produit à paner (poisson, croquettes, etc.)
  — Le tremper dans le mélange d'oeuf battu et laisser égoutter légèrement.
  — Le paner en exerçant une légère pression pour que la chapelure adhère bien.

Crème au beurre

Ingrédients
- Sucre en poudre (500 mL)
  Blanc d'oeuf (5-6 unités)
- Vanille (5 mL)
- Beurre (175 mL)
  Graisse (160 mL)

Temps de préparation: 20 à 25 minutes
Temps de cuisson: quelques minutes
Rendement: quantité suffisante pour *masquer* un gâteau

Ustensiles
- bain-marie
- batteur électrique
- cuiller à mesurer
- cul de poule (bol à mélanger)
- *douille* cannelée
- poche à pâtisserie
- spatule en caoutchouc
- spatule en métal
- tasse à mesurer

Méthode
- Faire fondre au bain-marie le sucre avec les blancs d'oeufs. Ne pas trop chauffer car la préparation doit demeurer tiède.
  - Retirer du feu et verser dans le bol du batteur électrique.
  - Fouetter ces blancs sucrés jusqu'à obtention d'une meringue très ferme.
- Parfumer à la vanille.
- Y incorporer le beurre et la graisse ramollis en *pommade*, tout en continuant de battre à grande vitesse.
  - Utiliser pour *masquer* un gâteau.
  - Garder au froid.

Cette crème au beurre se conserve pendant 1 mois au réfrigérateur. Au moment de l'utiliser, bien la mélanger.

On peut la colorer avec du colorant alimentaire au choix.

On peut lui ajouter du chocolat mi-sucré fondu ou du cacao délayé dans un peu d'huile ou dans de l'eau chaude.

Croûtons à l'ail

Ingrédients
- Pain (3 tranches)
  Gousse d'ail écrasée
  (2 unités)
- Huile (quantité suffisante)

Temps de préparation: 10 minutes
Temps de cuisson: 10 minutes
Rendement: environ 6 portions

Ustensiles
— casserole ou friteuse
— couteau à émincer
— cuiller trouée
— papier absorbant

Méthode
- Couper le pain en petits cubes et ajouter l'ail.
- Faire chauffer l'huile à 190°C et y plonger les cubes.
  — Lorsqu'ils sont dorés, les déposer sur un papier absorbant et les laisser refroidir.
  — Préparés ainsi, les croûtons resteront croustillants.

Les croûtons à l'ail frits peuvent se servir avec des crèmes ou des veloutés.

Ils se conservent de 2 à 3 jours, dans un récipient ouvert recouvert d'un linge sec afin qu'ils ne rancissent pas.

Les croûtons à l'ail peuvent aussi être congelés dans un récipient hermétiquement fermé; les retirer du congélateur 20 minutes avant de les utiliser.

Doigts de dame

Ingrédients
- Blanc d'oeuf (3 unités)
- Sucre (125 mL)
  Jaune d'oeuf (3 unités)
- Vanille (3 mL)
- Farine à pâtisserie (125 mL)
  Sel (1 pincée)

Temps de préparation: 20 minutes
Temps de cuisson: 15 minutes
Rendement: 3 douzaines

Ustensiles
— batteur électrique
— cuiller à mesurer
— cul de poule (bol à mélanger)
— papier ciré
— plaque à biscuits

- spatule en caoutchouc
- tamis
- tasse à mesurer

Méthode
- Battre les blancs d'oeufs en neige.
- Ajouter le sucre graduellement, puis les jaunes d'oeufs et bien battre.
- Ajouter l'essence de vanille.
- Incorporer délicatement la farine et le sel.
  - Disposer en forme de doigt dans une plaque *foncée* de papier ciré beurré ou verser dans des moules à doigts de dame.
  - Cuire dans le haut du four à 180°C pendant environ 10 minutes ou jusqu'à ce que les biscuits soient dorés.

On peut utiliser ces doigts de dame dans différentes charlottes ou les servir comme biscuits.

On peut les congeler cuits.

Fumet de poisson

Ingrédients
- *Parure* de poisson (1 kg)
- Eau (500 mL)
  Feuille de laurier (1 unité)
  Oignon émincé (75 mL)
  Vin blanc (500 mL)
  Carotte émincée (60 mL)
  Céleri coupé en dés (60 mL)

  Persil (quelques branches)
  Poivre en grain (1 mL)
  Sel (1 mL)
  Citron coupé en quatre (1 unité)
  Thym (1 pincée)

Temps de préparation: 20 minutes
Temps de cuisson: 20 minutes
Rendement: 1,25 litre

Ustensiles
- couteau à émincer
- cuiller à mesurer
- écumoire
- marmite
- tamis ou chinois
- tasse à mesurer

Méthode
- Faire *dégorger* les *parures* à l'eau courante pendant au moins 3 heures.
  - Égoutter.

- Placer tous les ingrédients dans une marmite.
    — Amener à ébullition et laisser mijoter à couvert pendant environ 1 heure ou jusqu'à ce que le liquide soit réduit de moitié.
    — *Écumer* souvent pendant la cuisson.
    — Laisser reposer pendant 1 heure hors du feu, de façon à laisser les impuretés se déposer au fond.
    — *Passer* et utiliser immédiatement ou réserver au réfrigérateur.

Génoise

Ingrédients
- Oeufs (4 unités)
  Sucre granulé (125 mL)
- Farine tout usage (150 mL)
- Graisse (quantité suffisante)
  Farine (quantité suffisante)

Temps de préparation: 20 minutes
Temps de cuisson: 20 minutes
Rendement: 1 gâteau

Ustensiles
— batteur électrique
— casserole
— cuiller à mesurer
— fouet
— grille
— moule rond de 20 à 23 cm
— spatule en bois
— tasse à mesurer

Méthode
- Chauffer les oeufs et le sucre à feu doux, en remuant constamment avec un fouet.
    — Dès que le sucre est fondu, placer dans le bol du batteur électrique et battre jusqu'à obtention d'un mélange onctueux, d'un blanc mousseux.
    — Retirer le batteur.
- Incorporer la farine, en remuant doucement avec une spatule en bois.
    — Bien mélanger sans trop travailler.
- Graisser et enfariner un moule rond de 20 à 23 cm de diamètre.
    — Verser délicatement le mélange dans le moule.
    — Cuire au four à 180°C pendant 20 minutes.
    — Après cuisson, démouler la génoise sur une grille; laisser refroidir à l'air libre.

Cette génoise se conserve au congélateur pendant une période approximative de 4 mois, dans un papier d'emballage double.

Pâte à gaufrettes

Ingrédients

- Blanc d'oeuf (3 unités)
- Sucre à glacer (165 mL)
  Farine forte (200 mL)
- Graisse (60 mL)
  Beurre (75 mL)
- Graisse (quantité suffisante)

Temps de préparation: 10 minutes
Temps de cuisson: 5 à 6 minutes
Rendement: 12 unités (1 douzaine)

Ustensiles

— carton
— cuiller à mesurer
— cul de poule (bol à mélanger)
— petit chaudron
— plaque
— spatule en fer
— tasse à mesurer

Méthode

- Placer les blancs d'oeufs dans un bol.
- Ajouter le sucre et la farine et brasser le tout sans faire monter les oeufs.
- Faire fondre la graisse et le beurre et ajouter au mélange.
  — Découper un carré de 15 cm de côté au centre d'un morceau de carton rectangulaire.
  — Retirer le carré central et utiliser le rectangle percé pour la préparation des gaufrettes.
- Placer ce rectangle dans une grande plaque à biscuits graissée.
  — Déposer une petite quantité de pâte au centre de ce rectangle.
  — Étendre la pâte jusqu'à ce qu'elle ait l'épaisseur d'une feuille de papier.
  — Retirer le rectangle de carton de la plaque et récupérer la pâte qui le recouvre.
  — Il restera un carré de 15 cm de côté dans la plaque.
  — Préparer ainsi 12 carrés.
  — Cuire au four à 200°C pendant quelques minutes ou jusqu'à ce que la pâte soit bien dorée.
  — Retirer du four et rouler la gaufrette chaude en boudin ou la disposer dans le fond d'une coupe à dessert et replier les côtés de façon à former une fleur (voir photo p. 132/ recette de salade de fruits avec gaufrettes).

On peut tremper les extrémités de la gaufrette dans du chocolat mi-sucré fondu au bain-marie.

On peut servir les gaufrettes en coupe avec de la crème glacée, un flan ou de la chantilly.

Pâte à l'eau chaude

Ingrédients
- Beurre ou graisse (250 mL)
- Eau très chaude (125 mL)
- Oeuf (1 unité)
- Farine à pâtisserie (750 mL)
- Poudre à pâte (5 mL)
- Sel (5 mL)

Temps de préparation: 10 minutes
Rendement: 2 *abaisses*

Ustensiles
— bol à mélanger
— coupe-pâte
— cuiller à mesurer
— petit chaudron
— rouleau à pâte
— tamis
— tasse à mesurer

Méthode
- Mettre le beurre dans un bol.
- Ajouter l'eau très chaude et battre jusqu'à obtention d'un mélange mousseux.
- Ajouter l'oeuf et mélanger.
- Dans un autre bol, tamiser ensemble la farine, la poudre à pâte et le sel.
  — Faire une *fontaine*.
  — Verser le liquide au centre.
  — Faire la *détrempe* en mélangeant délicatement l'eau et la farine.
  — Former une boule molle.
  — Couvrir et garder au réfrigérateur pendant environ 1 heure.
  — L'utiliser comme une pâte ordinaire; elle sert surtout pour les tourtières ou d'autres plats chauds.

Pâte brisée de base

Ingrédients
- Farine à pâtisserie (500 mL)
  Farine tout usage (500 mL)
  Sel (2 mL)
- Graisse (425 mL)
- Oeuf (1 unité)
  Vinaigre (7 mL)
  Eau froide (250 mL)

Temps de préparation: 15 minutes
Temps de cuisson: 10 à 12 minutes (à 190°C, dans le bas du four)

Rendement: 500 g ou 2 *abaisses*

Ustensiles
- cuiller à mesurer
- cul de poule (bol à mélanger)
- rouleau à pâte
- tasse à mesurer

Méthode
- Tamiser ensemble les deux sortes de farine et le sel.
- *Sabler* la farine avec la graisse.
- Bien mélanger par ailleurs l'oeuf et le vinaigre avec l'eau froide.
  - Faire une *fontaine*.
  - Verser le liquide au centre.
  - Faire la *détrempe* en mélangeant délicatement le liquide et la farine. Ne pas trop mélanger.
  - Faire une boule et recouvrir d'un linge humide. Laisser reposer au réfrigérateur 3 à 4 heures avant de l'étendre.

Cette pâte peut se conserver pendant 8 jours au réfrigérateur à couvert, et pendant 6 mois au congélateur.

Pâte semi-feuilletée

Ingrédients
- Graisse amollie (85 mL)
  Farine tout usage (500 mL)
  Sel (5 mL)
- Eau glacée (quantité suffisante)
  Jus de citron (15 mL)
- Beurre (85 mL)

Temps de préparation: 20 minutes
Temps de cuisson: 8 à 10 minutes
Rendement: 1 *abaisse* de 23 cm

Ustensiles
- cuiller à mesurer
- cul de poule de 2 litres (bol à mélanger)
- emporte-pièce rectangulaire
- plaque
- rouleau à pâte et planche
- tamis
- tasse à mesurer

Méthode
- Couper la graisse amollie dans la farine préalablement tamisée avec le sel.
- Faire une *fontaine* et verser au centre l'eau et le jus de citron nécessaires à la *détrempe*.
  - Faire la *détrempe* en mélangeant délicatement l'eau et la farine.
  - Étendre la pâte au rouleau et la couper en rectangles de 10 cm X 6 cm.
- Parsemer de noisettes de beurre.
  - Plier en trois et donner des *tours* comme pour la pâte feuilletée.
  - Former une *abaisse* de 23 cm. Réserver.

Sauce au citron

Ingrédients
- Eau (375 mL)
- Fécule de maïs (30 mL)
  Eau froide (125 mL)
- Jaune d'oeuf (4 unités)
- Sucre (175 mL)
  Jus de citron (20 mL)
  Zeste de citron (1 unité)
  Essence de citron (5 mL)

Temps de préparation: 15 minutes
Temps de cuisson: quelques minutes
Rendement: 6 portions

Ustensiles
— cuiller à mesurer
— fouet
— petit cul de poule (petit bol à mélanger)
— râpe
— spatule en caoutchouc
— tasse à mesurer

Méthode
- Amener l'eau à ébullition.
- Délayer la fécule de maïs dans l'eau froide.
- Ajouter la fécule délayée et les jaunes d'oeufs à l'eau bouillante et amener de nouveau à ébullition.
- Ajouter le sucre, le jus, le zeste et l'essence de citron.
  - Laisser refroidir au réfrigérateur avant de l'utiliser.

Pour éviter qu'une peau ne se forme à la surface, garder à couvert après avoir ajouté 15 mL de beurre sur la sauce chaude; au moment de l'utilisation, mélanger le tout. La sauce n'en sera que plus veloutée.

Cette sauce est délicieuse pour accompagner une mousseline au citron ou toute autre mousseline; elle se sert également avec de la crème glacée.

Sauce béchamel

Ingrédients
- Beurre (30 mL)
  Farine tout usage (30 mL)
- Lait (250 mL)
  Oignon entier (1 unité)
  Sel (1 mL)

Temps de préparation: 15 minutes
Temps de cuisson: 20 minutes
Rendement: 250 mL

Ustensiles
— cuiller à mesurer
— fouet
— marmites
— tamis
— tasse à mesurer

Méthode
- Préparer un *roux* blanc avec le beurre fondu et la farine.
  — Réserver.
- Faire chauffer le lait avec l'oignon et le sel. Retirer l'oignon.
  — Verser graduellement le lait bouillant sur le *roux* blanc refroidi en brassant continuellement.
  — Laisser cuire de 10 à 15 minutes.
  — *Passer*.

Sauce hollandaise

Ingrédients
- Beurre (125 mL)
- Jaune d'oeuf (3 unités)
  Jus de citron (30 mL)
  Sel (1 mL)
  Cayenne (1 pincée)

Temps de préparation: 15 minutes
Temps de cuisson: 10 minutes
Rendement: 250 mL

Ustensiles
— bain-marie
— cuiller à mesurer
— mélangeur
— petite marmite
— spatule en plastique
— tasse à mesurer

Méthode
- Faire fondre le beurre sans le laisser colorer.
- Placer dans le mélangeur les jaunes d'oeufs, le jus de citron, le sel et le cayenne.
  — Battre à pleine vitesse.
  — Quand le mélange est épais, y verser le beurre chaud et battre encore à grande vitesse pendant quelques secondes.
  — Garder au chaud dans un bain-marie jusqu'au moment de l'utiliser.

Sauce Mornay

Ingrédients
- Beurre (35 mL)
  Farine (50 mL)
- Lait (425 mL)
- Sel (2 mL)
- Cheddar doux râpé (85 mL)
  ou
  mozzarella râpé (60 mL)

Temps de préparation: 15 minutes
Temps de cuisson: 10 minutes
Rendement: 500 mL

Ustensiles
— bain-marie
— cuiller en bois
— fouet
— louche
— râpe

Méthode
- Faire un *roux* blanc au bain-marie avec le beurre et la farine.
- *Mouiller* avec le lait bouillant.

- Saler et cuire à feu doux en remuant jusqu'à ébullition, afin d'obtenir une sauce épaisse et crémeuse.
- Ajouter le cheddar ou le mozzarella râpé.

Sauce tartare

Ingrédients

- Farine (30 mL)
  Sel (1 mL)
  Lait (250 mL)
- Beurre (30 mL)
- Mayonnaise (250 mL)

- Cornichon sucré haché (30 mL)
  Olive hachée (30 mL)
  Échalote hachée (30 mL)
  Persil haché (30 mL)
  Câpre hachée (30 mL)
  Jus de citron (30 mL)

Temps de préparation: 20 minutes
Temps de cuisson: 10 minutes
Rendement: 500 mL

Ustensiles

— casserole
— cuiller à mesurer
— cul de poule (bol à mélanger)
— fouet
— spatule en caoutchouc
— tasse à mesurer

Méthode

- Mélanger la farine avec le sel et la délayer dans 60 mL de lait froid.
  — Chauffer le reste du lait dans une marmite; y ajouter la farine délayée.
  — Continuer la cuisson à feu doux en brassant continuellement.
  — Laisser mijoter pendant 5 minutes.
- Au moment de l'utiliser, ajouter le beurre frais en variant la quantité suivant la richesse que l'on veut donner à la sauce.
  — Laisser refroidir.
- Mélanger la mayonnaise et la sauce blanche refroidie.
- Ajouter les autres ingrédients et bien mélanger le tout.
- Servir cette sauce chaude ou froide.

On peut remplacer le lait par du bouillon ou de l'eau.

Cette sauce, couverte, se conserve au réfrigérateur pendant 8 jours.

Velouté de volaille

Ingrédients

- Beurre (100 mL)
  Farine (75 mL)
- Consommé de poulet
  (600 mL)
- Crème à 15 % (200 mL)
  Jaune d'oeuf (3 unités)
- Jus de citron (8 mL)
  Sel (au goût)
  Poivre (au goût)

Temps de préparation: 20 minutes
Temps de cuisson: 10 à 15 minutes
Rendement: 1 litre

Ustensiles

— cuiller à mesurer
— cul de poule (bol à mélanger)
— fouet
— marmite
— tasse à mesurer

Méthode

- Faire un *roux* blanc avec le beurre fondu et la farine.
  — Retirer du feu.
- *Mouiller* avec le consommé de poulet bouillant.
  — Remettre sur le feu et faire cuire à feu moyen en brassant continuellement jusqu'à obtention d'une sauce lisse et crémeuse.
- Battre la crème avec les jaunes d'oeufs.
  — Ajouter la sauce chaude à ce mélange d'oeufs tout en brassant.
  — Faire chauffer à feu lent en évitant l'ébullition.
- Ajouter le jus de citron et assaisonner.

Tables de symboles des unités de mesures
Température du four

Celsius (°C)	Fahrenheit (°F)
100	200
120	250
140	275
150	300
160	325
180	350
190	375
200	400
220	425
230	450
240	475
260	500
270	525

Liste des abréviations

g	gramme
kg	kilogramme
L	litre
cL	centilitre
mL	millilitre
cm	centimètre
mm	millimètre
C	Celsius

Table de symboles des unités de mesures

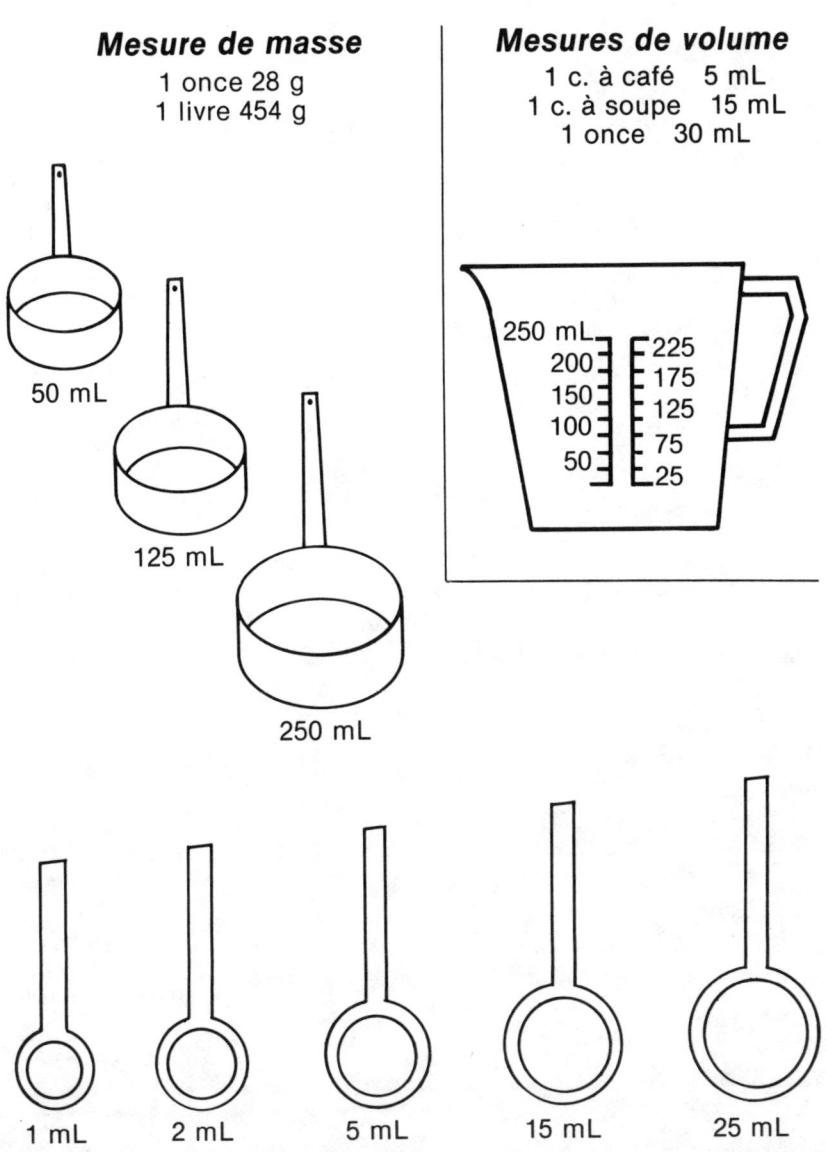

Lexique des termes culinaires employés

ABAISSE
Pâte étendue à l'épaisseur désirée.

ABAISSER
Étendre de la pâte à l'épaisseur désirée.

ACIDULER
Ajouter du vinaigre ou du jus de citron à un mets (ou à un liquide) afin de le rendre légèrement acide, aigre ou piquant.

BARDER
Envelopper d'une mince tranche de lard gras une pièce de viande pour l'empêcher de sécher pendant la cuisson.

BLANCHIR
Cuire plus ou moins longtemps, à l'eau bouillante, différentes substances alimentaires: viandes, légumes, fruits. Ne dure habituellement que quelques minutes.

BOUQUET GARNI
Élément aromatique composé de:
— céleri (branche);
— thym (branche);
— persil (branche);
— feuille de laurier.

BRIDER
Opération consistant à passer, avec une forte aiguille, dite aiguille à brider, une ficelle maintenant les cuisses et les ailes d'une volaille ou d'un gibier à plumes.

CANNELER
Opération consistant à inciser de cannelures peu profondes les légumes, les fruits et, par extension, certains entremets.

CHAUFFER À BLANC
Chauffer à vide une poêle, une sauteuse ou une marmite vide.

CHEMISER
Masquer et garnir l'intérieur d'un moule d'une couche de crème glacée ou de bavaroise.

COURT-BOUILLON
Eau additionnée de légumes divers, d'aromates, parfois même de vinaigre ou de vin, pour la cuisson de certaines viandes et poissons *pochés*.

CRÉMER
- Ajouter de la crème à un apprêt;
- Couvrir de crème.

DARNE
On désigne sous ce nom une tranche de poisson détaillée à cru dans le sens de la largeur.

DÉCANTER
Transvaser un liquide quelconque (vin, fond, beurre fondu) d'un récipient dans un autre afin de l'épurer. Il faut prendre soin de ne pas verser le dépôt qu'il a formé.

DÉCORTIQUER
Séparer un fruit ou une graine de son enveloppe; dépouiller un crustacé de sa carapace, un mollusque de sa coquille.

DÉGLACER
Dissoudre, avec un peu de liquide, les sucs de viande qui se sont caramélisés au fond du plat de cuisson.

DÉGORGER
Faire tremper une substance plus ou moins longtemps dans l'eau froide, pour la débarrasser des impuretés qu'elle contient.

DÉGRAISSER
- Enlever l'excès de graisse qui s'est formé en nappe à la surface d'un liquide, consommé, sauce ou autre;
- Après cuisson, retirer la graisse qui s'est déposée à la surface d'une plaque ou d'une cocotte.

DÉTENDRE
Opération culinaire consistant à éclaircir une composition, une pâte, un appareil quelconque, en lui ajoutant soit des oeufs, soit un liquide.

DÉTREMPE
Désigne le mélange de farine et d'eau servant à préparer une pâte.

DORURE
Sous ce nom, on désigne des oeufs entiers bien battus (ou les jaunes légèrement étendus d'eau ou de lait) servant à dorer les pâtes et certains appareils.

DOUILLE
Ustensile de forme conique que l'on place à l'extrémité des poches à pâtisserie (douilles unies, cannelées).

ÉCUMER
Enlever, à l'aide d'une cuiller ou de l'écumoire, la mousse qui se forme sur les liquides soumis à l'action du feu.

EFFILER
Couper les amandes et les pistaches en minces filets, à l'aide d'un couteau d'office ou d'une effileuse.

ÉMONDER
Enlever la peau d'un fruit ou d'un légume.

EMPORTE-PIÈCE
Instrument servant à découper la pâte (biscuits, beignes, etc.).

ÉPÉPINER
Enlever les pépins d'un fruit ou d'un légume.

ESCALOPE
On désigne sous ce nom des tranches de viande ou de poisson légèrement aplaties. L'escalope de veau est généralement taillée dans la pointe de noix, la noix pâtissière ou la sous-noix.

ÉTOUFFÉE (À L')
Mode de cuisson consistant à cuire les substances alimentaires en vase clos, en ajoutant un peu de liquide.

ÉVIDER
Retirer la partie intérieure (*pulpe*) d'un fruit ou d'un légume.

FAIRE REVENIR
Faire colorer plus ou moins, dans du beurre, de la graisse ou de l'huile, des aliments divers.

FAIRE SUER
Faire suer les légumes consiste à les cuire dans un corps gras, à couvert, jusqu'à ce que perlent à la surface quelques gouttes de jus.

FONCER
Couvrir le fond d'un moule avec de la pâte, des bandes de lard, etc.

FONTAINE
Creux pratiqué au centre d'une quantité de farine et dans lequel on verse les oeufs et le liquide, afin de former une pâte.

FRAISER
Rouler et comprimer la pâte avec la paume de la main afin de la rendre lisse.

FRÉMIR
Se dit d'un liquide agité d'un léger frissonnement qui précède le point d'ébullition.

FRÉMISSEMENT
Se dit d'un liquide agité d'un léger frissonnement qui précède le point d'ébullition. Pour les pochages, l'eau doit être maintenue à cet état de léger frissonnement.

GLACER
Exposer un mets recouvert d'une sauce à la chaleur du four pour fixer le jus et former une couche qui lui donne un bel aspect brillant.

GONFLER
Faire tremper la gélatine dans une quantité déterminée d'eau froide pendant 5 minutes, soumettre la gélatine à l'action de l'eau qui la fait gonfler.

GRATINER
Dorer les mets au four ou à la salamandre, après les avoir parsemés de fromage râpé ou de chapelure.

JULIENNE
On désigne sous ce nom une substance quelconque détaillée en fines lanières.

LARDONS
Morceaux de lard taillés en dés, plus ou moins gros, que l'on ajoute à certaines préparations, tel un ragoût.

LIER
Opération culinaire destinée à donner une certaine consistance à un aliment (ex.: liaison à la farine ou à la fécule pour épaissir une sauce; liaison au jaune d'oeuf).

MACÉRER
Faire tremper des légumes, des viandes ou des fruits, dans un liquide, du vinaigre, du vin ou de l'alcool.

MARINER
Mettre des poissons, des viandes ou toute autre substance dans un liquide aromatique ou dans une saumure pour les conserver ou les parfumer.

MASQUER
Couvrir d'une sauce ou d'un appareil un mets dressé.

MIREPOIX
Légumes (carotte, céleri, oignon, poireau) coupés grossièrement pour la préparation d'une sauce ou d'un mets composé.

MORTIER
Sorte de cuvette en marbre, en pierre ou en bois, dans laquelle on pile ou on broie, à l'aide d'un pilon en bois dur, les farces ou autres compositions.

MOUILLER
Ajouter de l'eau, du bouillon ou du consommé à une préparation.

NAPPER
Verser une sauce ou une crème sur un mets ou une assiette de service de façon à recouvrir la surface.

OKRA
Variété de gombo (fruit de l'Amérique méridionale) à fruit long.

PANER À L'ANGLAISE
Passer à la chapelure les aliments préalablement farinés et trempés dans un mélange d'oeuf battu et de liquide (lait, huile), avant de les frire ou de les *sauter* au beurre.

PARER
Supprimer les parties qui nuisent à la présentation des aliments (ex.: abats, os, arêtes, peau, graisse).

PARURE
On désigne sous ce nom toutes les parties (abats, os, arêtes, graisse) que l'on supprime des pièces de viande ou des poissons et que l'on utilise souvent pour préparer des fonds, des sauces ou des fumets.

PASSER
Passer une soupe, une sauce, une pomme de terre ou un légume à travers un tamis ou une étamine.

PÉDICULE
Queue ou tige d'un fruit ou d'un légume.

PINCER
Colorer légèrement en chauffant au four ou sur le feu les sucs de viande, avant de les *mouiller*.

POCHER
Cuire à découvert, dans un liquide, sans faire bouillir.

POMMADE
Beurre ou graisse travaillés, battus en crème.

PULPE
Substance molle, charnue et riche en sucs, qui constitue la plus grande partie des fruits et légumes charnus.

RISSOLER
Faire *sauter* une viande ou un autre aliment dans une matière grasse très chaude pour lui donner une couleur dorée.

ROUX
Mélange de beurre (ou autre corps gras) et de farine cuit plus ou moins longtemps suivant l'emploi et la couleur désirée (roux blanc, roux brun).

SABLER
Mélanger la farine et le corps gras jusqu'à ce que le mélange prenne l'apparence de la chapelure.

SAISIR
Saisir une chair, c'est l'exposer à l'action d'un feu vif et ardent. Certaines viandes ou pièces de gibiers, volailles ou autres, demandent une cuisson rapide; elles doivent donc être saisies par l'ardeur du feu.

SAUTER
Faire cuire à feu vif dans un corps gras et en remuant la casserole ou le sautoir, en faisant «sauter» les aliments, pour les empêcher d'attacher.

SINGER
Saupoudrer de farine un aliment, afin d'obtenir une liaison plus ou moins épaisse de la sauce.

TOUR
Le tour consiste à abaisser la pâte à 1 cm d'épaisseur en lui donnant la forme d'un rectangle deux fois plus long que large.

TROGNON
Coeur comestible d'un légume ou d'un fruit (trognon de la chicorée, du chou).

Table des matières

ENTRÉES
Rillettes de porc   17
Aspic aux tomates et aux légumes (PHOTO)   18
Saumon fumé   19
Bouchées à la viande   20
Courge à l'italienne   21
Roulé à la sole   21
Langues de morue à l'ail   22
Tartine duchesse   23
Tomates farcies au thon   24
Salade du Sud   25

POTAGES ET SOUPES
Crème de poisson de Trois-Pistoles   29
Crème d'asperges de Saint-Étienne-des-Grès   30
Potage okra (PHOTO)   31
Soupe à l'oignon   31
Bouillon de poulet aux oeufs et au fromage   32
Soupe aux huîtres   33
Potage de poireaux   34
Crème de tomates   35
Crème de volaille princesse   36
Potage de par chez nous   37

POISSONS
Quiche au crabe des neiges   41
Filet d'aiglefin   42
Darne de saumon aux câpres et aux cornichons   43
Darne d'omble de l'Arctique aux champignons   44
Coquilles du marin   45
Filet de perche, sauce au cidre   46
Tarte royale au doré   47
Filet d'aiglefin farci   48
Saumon à la normande   49
Darne de flétan au beurre d'anchois (PHOTO)   50
Filet de maquereau de la belle province   51
Moules au riz pilaf   52

Chaudrée de morue 54
Eperlans frits, sauce tartare 55
Pétoncles amandines 55

VIANDES

Boeuf bourguignon 61
Pavé de boeuf 62
Blanc de volaille à la crème et aux champignons 63
Rôti de boeuf 64
Côtelette de porc du Québec 65
Pain de viande 66
Gratin de lasagne verte 67
Jambon aux pommes et à l'érable (PHOTO) 68
Poule au chou 70
Rôti de porc 71
Gigot d'agneau du Bas-du-Fleuve 72
Escalope de veau au cheddar 73
Boeuf Stroganoff 74
Tourtière du Québec 75
Volaille favorite, sauce suprême 76
Pot-au-feu 78
Chapon rôti au jus 79
Pâté de poulet à l'anglaise 80
Cervelle de veau aux câpres 81
Émincé de volaille du gourmet 82
Rôti de veau 83
Langue de veau, sauce piquante 84
Boeuf à la roumaine 85
Piment farci à la viande 86
Boeuf à la russe 87

LÉGUMES

Pommes de terre duchesse 95
Piment à la napolitaine 96
Asperges et tomates au beurre 97
Choux de Bruxelles croustillants (PHOTO) 98
Betteraves en sauce veloutée 99
Aubergines à l'ail 100
Concombres à la crème 100
Brocoli à la milanaise 101
Chou braisé 102
Courgettes à la romaine 103

SALADES

Salade en couronne   107
Cressonnière à la vinaigrette   108
Salade de nos prés   109
Salade pascale (PHOTO)   110
Salade César   112
Laitue mimosa   113
Salade frivolité   114
Salade au chou   115
Salade de l'Estrie   115
Salade aux épinards   116

DESSERTS

Biscuits magiques   123
Tarte meringuée au citron   124
Gâteau carrousel   125
Salade de fruits, avec gaufrettes (PHOTO)   126
Biscuits variés   128
Pain aux dattes   129
Gâteau roulé   130
Crème au caramel   131
Crêpes farcies aux pommes et flambées au calvabec   132
Gâteau à la course   134
Biscuits à la mélasse   135
Tarte au sirop d'érable de la Beauce   136
Beignets au cidre de Rougemont   137
Charlotte aux fraises de Sainte-Anne-des-Plaines   138
Tarte aux oeufs   139
Flan à l'érable des Bois-Francs   140
Tourte aux pêches   141
Sorbet aux fraises   143
Tarte au "mincemeat"   144
Gâteau aux fruits   145
Tarte à la citrouille   146
Diplomate au rhum   148
Mousseline au citron   149
Barres aux noix et aux dattes   150
Gâteau réfrigérateur   151

DIVERS

Marinades (PHOTO)   155
Citrouille de chez nous   156
Punch aux fruits   157

Brioches du Vendredi saint   158
Punch "écume de mer"   159
Pizza   160
Ketchup vert   161
Sandwiches variés   163
Fèves au lard   164
Relish   165

RECETTES COMPLÉMENTAIRES

Appareil pour paner à l'anglaise   169
Crème au beurre   169
Croûtons à l'ail   170
Doigts de dame   171
Fumet de poisson   172
Génoise   173
Pâte à gaufrettes   174
Pâte à l'eau chaude   175
Pâte brisée de base   175
Pâte semi-feuilletée   176
Sauce au citron   177
Sauce béchamel   178
Sauce hollandaise   178
Sauce Mornay   179
Sauce tartare   180
Velouté de volaille   181
Lexique   185

*Lithographié au Canada
sur les presses de
Métropole Litho Inc.*

Ouvrages parus aux ÉDITIONS DE L'HOMME

sans * pour l'Amérique du Nord seulement
* pour l'Europe et l'Amérique du Nord
** pour l'Europe seulement

ALIMENTATION — SANTÉ

Allergies, Les, Dr Pierre Delorme
* **Cellulite, La,** Dr Jean-Paul Ostiguy
Conseils de mon médecin de famille, Les, Dr Maurice Lauzon
Contrôler votre poids, Dr Jean-Paul Ostiguy
Diététique dans la vie quotidienne, La, Louise Lambert-Lagacé
Face-lifting par l'exercice, Le, Senta Maria Rungé
* **Guérir ses maux de dos,** Dr Hamilton Hall
* **Maigrir en santé,** Denyse Hunter
* **Maigrir, un nouveau régime de vie,** Edwin Bayrd
Massage, Le, Byron Scott
Médecine esthétique, La, Dr Guylaine Lanctôt
* **Régime pour maigrir,** Marie-Josée Beaudoin
* **Sport-santé et nutrition,** Dr Jean-Paul Ostiguy
* **Vivre jeune,** Myra Waldo

ART CULINAIRE

Agneau, L', Jehane Benoit
Art d'apprêter les restes, L', Suzanne Lapointe
* **Art de la cuisine chinoise, L',** Stella Chan
Art de la table, L', Marguerite du Coffre
Boîte à lunch, La, Louise Lambert-Lagacé
Bonne table, La, Juliette Huot
Brasserie la Mère Clavet vous présente ses recettes, La, Léo Godon
Canapés et amuse-gueule
101 omelettes, Claude Marycette
Cocktails de Jacques Normand, Les, Jacques Normand
Confitures, Les, Misette Godard
* **Congélation des aliments, La,** Suzanne Lapointe
* **Conserves, Les,** Soeur Berthe
* **Cuisine au wok, La,** Charmaine Solomon
Cuisine chinoise, La, Lizette Gervais
Cuisine de Maman Lapointe, La, Suzanne Lapointe
Cuisine de Pol Martin, La, Pol Martin
Cuisine des 4 saisons, La, Hélène Durand-LaRoche
* **Cuisine du monde entier, La,** Jehane Benoit
Cuisine en fête, La, Juliette Lassonde
Cuisine facile aux micro-ondes, Pauline Saint-Amour
* **Cuisine micro-ondes, La,** Jehane Benoit
Desserts diététiques, Claude Poliquin
Du potager à la table, Paul Pouliot, Pol Martin
En cuisinant de 5 à 6, Juliette Huot
* **Faire son pain soi-même,** Janice Murray Gill
* **Fèves, haricots et autres légumineuses,** Tess Mallos
Fondue et barbecue
* **Fondues et flambées de Maman Lapointe,** S. et L. Lapointe
Fruits, Les, John Goode
Gastronomie au Québec, La, Abel Benquet
Grande cuisine au Pernod, La, Suzanne Lapointe
Grillades, Les
* **Guide complet du barman, Le,** Jacques Normand
Hors-d'oeuvre, salades et buffets froids, Louis Dubois

Légumes, Les, John Goode
Liqueurs et philtres d'amour, Hélène Morasse
Ma cuisine maison, Jehane Benoit
Madame reçoit, Hélène Durand-LaRoche
* Menu de santé, Louise Lambert-Lagacé
Pâtes à toutes les sauces, Les, Lucette Lapointe
Pâtisserie, La, Maurice-Marie Bellot
Petite et grande cuisine végétarienne, Manon Bédard
Poissons et crustacés
Poissons et fruits de mer, Soeur Berthe
* Poulet à toutes les sauces, Le, Monique Thyraud de Vosjoli

Recettes à la bière des grandes cuisines Molson, Les, Marcel L. Beaulieu
Recettes au blender, Juliette Huot
Recettes de gibier, Suzanne Lapointe
Recettes de Juliette, Les, Juliette Huot
Recettes pour aider à maigrir, Dr Jean-Paul Ostiguy
Robot culinaire, Le, Pol Martin
Sauces pour tous les plats, Huguette Gaudette, Suzanne Colas
* Techniques culinaires, Les, Soeur Berthe
* Une cuisine sage, Louise Lambert-Lagacé
Vins, cocktails et spiritueux, Gilles Cloutier
Y'a du soleil dans votre assiette, Francine Georget

DOCUMENTS — BIOGRAPHIES

Art traditionnel au Québec, L', M. Lessard et H. Marquis
Artisanat québécois, T. I, Cyril Simard
Artisanat québécois, T. II, Cyril Simard
Artisanat québécois, T. III, Cyril Simard
Bien pensants, Les, Pierre Berton
Charlebois, qui es-tu? Benoît L'Herbier
Comité, Le, M. et P. Thyraud de Vosjoli
Daniel Johnson, T. I, Pierre Godin
Daniel Johnson, T. II, Pierre Godin
Deux innocents en Chine Rouge, Jacques Hébert, Pierre E. Trudeau
Duplessis, l'ascension, T. I, Conrad Black
Duplessis, le pouvoir, T. II, Conrad Black
Dynastie des Bronfman, La, Peter C. Newman
Écoles de rang au Québec, Les, Jacques Dorion
* Ermite, L', T. Lobsang Rampa
Establishment canadien, L', Peter C. Newman
Fabuleux Onassis, Le, Christian Cafarakis
Filière canadienne, La, Jean-Pierre Charbonneau
Frère André, Le, Micheline Lachance
Insolences du frère Untel, Les, Frère Untel
Invasion du Canada L', T. I, Pierre Berton
Invasion du Canada L', T. II, Pierre Berton
John A. Macdonald, T. I, Donald Creighton

John A. Macdonald, T. II, Donald Creighton
Lamia, P.L. Thyraud de Vosjoli
Magadan, Michel Solomon
Maison traditionnelle au Québec, La, M. Lessard, G. Vilandré
Mammifères de mon pays, Les, St-Denys-Duchesnay-Dumais
Masques et visages du spiritualisme contemporain, Julius Evola
Mastantuono, M. Mastantuono, M. Auger
Mon calvaire roumain, Michel Solomon
Moulins à eau de la vallée du St-Laurent, Les, F. Adam-Villeneuve, C. Felteau
Mozart raconté en 50 chefs-d'oeuvre, Paul Roussel
Nos aviateurs, Jacques Rivard
Nos soldats, George F.G. Stanley
Nouveaux Riches, Les, Peter C. Newman
Objets familiers de nos ancêtres, Les, Vermette, Genêt, Décarie-Audet
Oui, René Lévesque
* OVNI, Yurko Bondarchuck
Papillons du Québec, Les, B. Prévost et C. Veilleux
Patronage et patroneux, Alfred Hardy
Petite barbe, j'ai vécu 40 ans dans le Grand Nord, La, André Steinmann
* Pour entretenir la flamme, T. Lobsang Rampa
Prague, l'été des tanks, Desgraupes, Dumayet, Stanké
Prince de l'Église, le cardinal Léger, Le, Micheline Lachance

Provencher, le dernier des coureurs de bois, Paul Provencher
Réal Caouette, Marcel Huguet
Révolte contre le monde moderne, Julius Evola
Struma, Le, Michel Solomon
Temps des fêtes au Québec, Le, Raymond Montpetit
Terrorisme québécois, Le, Dr Gustave Morf
* Treizième chandelle, La, T. Lobsang Rampa
Troisième voie, La, Me Emile Colas
Trois vies de Pearson, Les, J.-M. Poliquin, J.R. Beal
Trudeau, le paradoxe, Anthony Westell
Vizzini, Sal Vizzini
Vrai visage de Duplessis, Le, Pierre Laporte

ENCYCLOPÉDIES

Encyclopédie de la chasse au Québec, Bernard Leiffet
Encyclopédie de la maison québécoise, M. Lessard, H. Marquis
* Encyclopédie de la santé de l'enfant, L', Richard I. Feinbloom
Encyclopédie des antiquités du Québec, M. Lessard, H. Marquis
Encyclopédie des oiseaux du Québec, W. Earl Godfrey
Encyclopédie du jardinier horticulteur, W.H. Perron
Encyclopédie du Québec, vol. I, Louis Landry
Encyclopédie du Québec, vol. II, Louis Landry

ENFANCE ET MATERNITÉ

* Aider son enfant en maternelle et en 1ère année, Louise Pedneault-Pontbriand
* Aider votre enfant à lire et à écrire, Louise Doyon-Richard
Avoir un enfant après 35 ans, Isabelle Robert
* Comment avoir des enfants heureux, Jacob Azerrad
Comment amuser nos enfants, Louis Stanké
* Comment nourrir son enfant, Louise Lambert-Lagacé
* Découvrez votre enfant par ses jeux, Didier Calvet
Des enfants découvrent l'agriculture, Didier Calvet
* Développement psychomoteur du bébé, Le, Didier Calvet
* Douze premiers mois de mon enfant, Les, Frank Caplan
Droits des futurs parents, Les, Valmai Howe Elkins
* En attendant notre enfant, Yvette Pratte-Marchessault
Enfant unique, L', Ellen Peck
* Éveillez votre enfant par des contes, Didier Calvet
* Exercices et jeux pour enfants, Trude Sekely
Femme enceinte, La, Dr Robert A. Bradley
Futur père, Yvette Pratte-Marchessault
* Jouons avec les lettres, Louise Doyon-Richard
* Langage de votre enfant, Le, Claude Langevin
Maman et son nouveau-né, La, Trude Sekely
Merveilleuse histoire de la naissance, Dr Lionel Gendron
Pour bébé, le sein ou le biberon, Yvette Pratte-Marchessault
Pour vous future maman, Trude Sekely
* Préparez votre enfant à l'école, Louise Doyon-Richard
* Psychologie de l'enfant, La, Françoise Cholette-Pérusse
* Tout se joue avant la maternelle, Isuba Mansuka
* Trois premières années de mon enfant, Les, Dr Burton L. White
* Une naissance apprivoisée, Edith Fournier, Michel Moreau

LANGUE

Améliorez votre français, Jacques Laurin
* Anglais par la méthode choc, L', Jean-Louis Morgan

Corrigeons nos anglicismes, Jacques Laurin
* J'apprends l'anglais, G. Silicani et J. Grisé-Allard
Notre français et ses pièges, Jacques Laurin
Petit dictionnaire du joual au français, Augustin Turennes
Verbes, Les, Jacques Laurin

LITTÉRATURE

Adieu Québec, André Bruneau
Allocutaire, L', Gilbert Langlois
Arrivants, Les, collaboration
Berger, Les, Marcel Cabay-Marin
Bigaouette, Raymond Lévesque
Carnivores, Les, François Moreau
Carré St-Louis, Jean-Jules Richard
Centre-ville, Jean-Jules Richard
Chez les termites, Madeleine Ouellette-Michalska
Commettants de Caridad, Les, Yves Thériault
Danka, Marcel Godin
Débarque, La, Raymond Plante
Domaine Cassaubon, Le, Gilbert Langlois
Doux mal, Le, Andrée Maillet
D'un mur à l'autre, Paul-André Bibeau
Emprise, L', Gaétan Brulotte
Engrenage, L', Claudine Numainville
En hommage aux araignées, Esther Rochon
Faites de beaux rêves, Jacques Poulin
Fuite immobile, La, Gilles Archambault
J'parle tout seul quand Jean Narrache, Émile Coderre
Jeu des saisons, Le, Madeleine Ouellette-Michalska
Marche des grands cocus, La, Roger Fournier
Monde aime mieux..., Le, Clémence Desrochers
Mourir en automne, Claude DeCotret
N'Tsuk, Yves Thériault
Neuf jours de haine, Jean-Jules Richard
New medea, Monique Bosco
Outaragasipi, L', Claude Jasmin
Petite fleur du Vietnam, La, Clément Gaumont
Pièges, Jean-Jules Richard
Porte silence, Paul-André Bibeau
Requiem pour un père, François Moreau
Si tu savais..., Georges Dor
Tête blanche, Marie-Claire Blais
Trou, Le, Sylvain Chapdeleine
Visages de l'enfance, Les, Dominique Blondeau

LIVRES PRATIQUES — LOISIRS

Améliorons notre bridge, Charles A. Durand
* Art du dressage de défense et d'attaque, L', Gilles Chartier
* Art du pliage du papier, L', Robert Harbin
* Baladi, Le, Micheline d'Astous
* Ballet-jazz, Le, Allen Dow et Mike Michaelson
* Belles danses, Les, Allen Dow et Mike Michaelson
Bien nourrir son chat, Christian d'Orangeville
Bien nourrir son chien, Christian d'Orangeville
Bonnes idées de maman Lapointe, Les, Lucette Lapointe
* Bridge, Le, Vivianne Beaulieu
Budget, Le, en collaboration
Choix de carrières, T. I, Guy Milot
Choix de carrières, T. II, Guy Milot
Choix de carrières, T. III, Guy Milot
Collectionner les timbres, Yves Taschereau
Comment acheter et vendre sa maison, Lucile Brisebois
Comment rédiger son curriculum vitae, Julie Brazeau
Comment tirer le maximum d'une mini-calculatrice, Henry Mullish
Conseils aux inventeurs, Raymond-A. Robic
Construire sa maison en bois rustique, D. Mann et R. Skinulis
Crochet jacquard, Le, Brigitte Thérien
Cuir, Le, L. St-Hilaire, W. Vogt
* Découvrir son ordinateur personnel, François Faguy
Dentelle, La, Andrée-Anne de Sève
Dentelle II, La, Andrée-Anne de Sève
Dictionnaire des affaires, Le, Wilfrid Lebel

* Dictionnaire des mots croisés — noms communs, Paul Lasnier
* Dictionnaire des mots croisés — noms propres, Piquette-Lasnier-Gauthier
Dictionnaire économique et financier, Eugène Lafond
* Dictionnaire raisonné des mots croisés, Jacqueline Charron
Emploi idéal en 4 minutes, L', Geoffrey Lalonde
Étiquette du mariage, L', Marcelle Fortin-Jacques
Faire son testament soi-même, Me G. Poirier et M. Nadeau Lescault
Fins de partie aux dames, H. Tranquille et G. Lefebvre
Fléché, Le, F. Bourret, L. Lavigne
Frivolité, La, Alexandra Pineault-Vaillancourt
Gagster, Claude Landré
Guide complet de la couture, Le, Lise Chartier
* Guide complet des cheveux, Le, Phillip Kingsley
Guide du chauffage au bois, Le, Gordon Flagler
* Guitare, La, Peter Collins
Hypnotisme, L', Jean Manolesco
* J'apprends à dessiner, Joanna Nash
Jeu de la carte et ses techniques, Le, Charles A. Durand
Jeux de cartes, Les, George F. Hervey
* Jeux de dés, Les, Skip Frey
Jeux d'hier et d'aujourd'hui, S. Lavoie et Y. Morin
* Jeux de société, Louis Stanké
* Jouets, Les, Nicole Bolduc
* Lignes de la main, Les, Louis Stanké
Loi et vos droits, La, Me Paul-Émile Marchand
Magie et tours de passe-passe, Ian Adair
Magie par la science, La, Walter B. Gibson
* Manuel de pilotage
Marionnettes, Les, Roger Régnier
Mécanique de mon auto, La, Time Life Books
* Mon chat, le soigner, le guérir, Christian d'Orangeville

Nature et l'artisanat, La, Soeur Pauline Roy
* Noeuds, Les, George Russel Shaw
Nouveau guide du propriétaire et du locataire, Le, Mes M. Bolduc, M. Lavigne, J. Giroux
* Ouverture aux échecs, L', Camille Coudari
Papier mâché, Le, Roger Régnier
P'tite ferme, les animaux, La, Jean-Claude Trait
Petit manuel de la femme au travail, Lise Cardinal
Poids et mesures, calcul rapide, Louis Stanké
Races de chats, chats de race, Christian d'Orangeville
Races de chiens, chiens de race, Christian d'Orangeville
Roulez sans vous faire rouler, T. I, Philippe Edmonston
Roulez sans vous faire rouler, T. II, le guide des voitures d'occasion, Philippe Edmonston
Savoir-vivre d'aujourd'hui, Le, Marcelle Fortin-Jacques
Savoir-vivre, Nicole Germain
Scrabble, Le, Daniel Gallez
Secrétaire bilingue, Le/la, Wilfrid Lebel
Secrétaire efficace, La, Marian G. Simpsons
Tapisserie, La, T.M. Perrier, N.B. Langlois
* Taxidermie, La, Jean Labrie
Tenir maison, Françoise Gaudet-Smet
Terre cuite, Robert Fortier
Tissage, Le, G. Galarneau, J. Grisé-Allard
Tout sur le macramé, Virginia I. Harvey
Trouvailles de Clémence, Les, Clémence Desrochers
2001 trucs ménagers, Lucille Godin
Vive la compagnie, Pierre Daigneault
Vitrail, Le, Claude Bettinger
Voir clair aux dames, H. Tranquille, G. Lefebvre
* Voir clair aux échecs, Henri Tranquille
* Votre avenir par les cartes, Louis Stanké
Votre discothèque, Paul Roussel

PHOTOGRAPHIE •

* 8/super 8/16, André Lafrance
* Apprendre la photo de sport, Denis Brodeur
* Apprenez la photographie avec Antoine Desilets
* Chasse photographique, La, Louis-Philippe Coiteux
* Découvrez le monde merveilleux de la photographie, Antoine Desilets
* Je développe mes photos, Antoine Desilets

* **Guide des accessoires et appareils photos, Le,** Antoine Desilets, Paul Taillefer
* **Je prends des photos,** Antoine Desilets
* **Photo à la portée de tous, La,** Antoine Desilets
* **Photo de A à Z, La,** Desilets, Coiteux, Gariépy
* **Photo Reportage,** Alain Renaud
* **Technique de la photo, La,** Antoine Desilets

PLANTES ET JARDINAGE

Arbres, haies et arbustes, Paul Pouliot
Automne, le jardinage aux quatre saisons, Paul Pouliot
* **Décoration intérieure par les plantes, La,** M. du Coffre, T. Debeur
Été, le jardinage aux quatre saisons, Paul Pouliot
Guide complet du jardinage, Le, Charles L. Wilson
Hiver, le jardinage aux quatre saisons, Paul Pouliot
Jardins d'intérieur et serres domestiques, Micheline Lachance
Jardin potager, la p'tite ferme, Le, Jean-Claude Trait
Je décore avec des fleurs, Mimi Bassili
Plantes d'intérieur, Les, Paul Pouliot
Printemps, le jardinage aux quatre saisons, Paul Pouliot
Techniques du jardinage, Les, Paul Pouliot
* **Terrariums, Les,** Ken Kayatta et Steven Schmidt
Votre pelouse, Paul Pouliot

PSYCHOLOGIE

Âge démasqué, L', Hubert de Ravinel
* **Aider mon patron à m'aider,** Eugène Houde
* **Amour, de l'exigence à la préférence, L',** Lucien Auger
Caractères et tempéraments, Claude-Gérard Sarrazin
* **Coeur à l'ouvrage, Le,** Gérald Lefebvre
* **Comment animer un groupe,** collaboration
* **Comment déborder d'énergie,** Jean-Paul Simard
* **Comment vaincre la gêne et la timidité,** René-Salvator Catta
* **Communication dans le couple, La,** Luc Granger
* **Communication et épanouissement personnel,** Lucien Auger
Complexes et psychanalyse, Pierre Valinieff
* **Contact,** Léonard et Nathalie Zunin
* **Courage de vivre, Le,** Dr Ari Kiev
Dynamique des groupes, J.M. Aubry, Y. Saint-Arnaud
* **Émotivité et efficacité au travail,** Eugène Houde
* **Être soi-même,** Dorothy Corkille Briggs
* **Facteur chance, Le,** Max Gunther
* **Fantasmes créateurs, Les,** J.L. Singer, E. Switzer
Frères — Soeurs, la rivalité fraternelle, Dr J.F. McDermott, Jr
* **Hypnose, bluff ou réalité?,** Alain Marillac
* **Interprétez vos rêves,** Louis Stanke
* **J'aime,** Yves Saint-Arnaud
* **Mise en forme psychologique, La,** Richard Corriere et Joseph Hart
* **Parle moi... j'ai des choses à te dire,** Jacques Salomé
Penser heureux, Lucien Auger
* **Personne humaine, La,** Yves Saint-Arnaud
* **Première impression, La,** Chris. L. Kleinke
* **Psychologie de l'amour romantique, La,** Dr Nathaniel Branden
* **S'affirmer et communiquer,** J.-M. Boisvert, M. Beaudry
* **S'aider soi-même,** Lucien Auger
* **S'aider soi-même davantage,** Lucien Auger
* **S'aimer pour la vie,** Dr Zev Wanderer et Erika Fabian
* **Savoir organiser, savoir décider,** Gérald Lefebvre
* **Savoir relaxer pour combattre le stress,** Dr Edmund Jacobson
* **Se changer,** Michael J. Mahoney
* **Se comprendre soi-même,** collaboration
* **Se concentrer pour être heureux,** Jean-Paul Simard

* Se connaître soi-même, Gérard Artaud
* Se contrôler par le biofeedback, Paul-tre Ligondé
* Se créer par la gestalt, Joseph Zinker
Se guérir de la sottise, Lucien Auger
S'entraider, Jacques Limoges
Séparation du couple, La, Dr Robert S. Weiss
* Trouver la paix en soi et avec les autres, Dr Theodor Rubin
* Vaincre ses peurs, Lucien Auger
* Vivre avec sa tête ou avec son coeur, Lucien Auger
Volonté, l'attention, la mémoire, La, Robert Tocquet
Votre personnalité, caractère..., Yves Benoit Morin
* Vouloir c'est pouvoir, Raymond Hull
Yoga, corps et pensée, Bruno Leclercq
Yoga des sphères, Le, Bruno Leclercq

SEXOLOGIE

* Avortement et contraception, Dr Henry Morgentaler
* Bien vivre sa ménopause, Dr Lionel Gendron
* Comment séduire les femmes, E. Weber, M. Cochran
* Comment séduire les hommes, Nicole Ariana
Fais voir! W. McBride et Dr H.F.-Hardt
* Femme enceinte et la sexualité, La, Elizabeth Bing, Libby Colman
Femme et le sexe, La, Dr Lionel Gendron
* Guide gynécologique de la femme moderne, Le, Dr Sheldon H. Sherry
Helga, Eric F. Bender
Homme et l'art érotique, L', Dr Lionel Gendron
Maladies transmises sexuellement, Les, Dr Lionel Gendron
Qu'est-ce qu'un homme? Dr Lionel Gendron
Quel est votre quotient psycho-sexuel? Dr Lionel Gendron
* Sexe au féminin, Le, Carmen Kerr
Sexualité, La, Dr Lionel Gendron
* Sexualité du jeune adolescent, La, Dr Lionel Gendron
Sexualité dynamique, La, Dr Paul Lefort
* Ta première expérience sexuelle, Dr Lionel Gendron et A.-M. Ratelle
* Yoga sexe, S. Piuze et Dr L. Gendron

SPORTS

ABC du hockey, L', Howie Meeker
* Aïkido — au-delà de l'agressivité, M. N.D. Villadorata et P. Grisard
Apprenez à patiner, Gaston Marcotte
* Armes de chasse, Les, Charles Petit-Martinon
* Badminton, Le, Jean Corbeil
Ballon sur glace, Le, Jean Corbeil
Bicyclette, La, Jean Corbeil
* Canoé-kayak, Le, Wolf Ruck
* Carte et boussole, Björn Kjellström
100 trucs de billard, Pierre Morin
Chasse et gibier du Québec, Greg Guardo, Raymond Bergeron
Chasseurs sachez chasser, Lucien B. Lapierre
* Comment se sortir du trou au golf, L. Brien et J. Barrette
* Comment vivre dans la nature, Bill Riviere
* Conditionnement physique, Le, Chevalier-Laferrière-Bergeron
* Corrigez vos défauts au golf, Yves Bergeron
Corrigez vos défauts au jogging, Yves Bergeron
Danse aérobique, La, Barbie Allen
* En forme après 50 ans, Trude Sekely
* En superforme par la méthode de la NASA, Dr Pierre Gravel
Entraînement par les poids et haltères, Frank Ryan
Équitation en plein air, L', Jean-Louis Chaumel
Exercices pour rester jeune, Trude Sekely
**Exercices pour toi et moi, Joanne Dussault-Corbeil
Femme et le karaté samouraï, La, Roger Lesourd
Guide du judo (technique debout), Le, Louis Arpin
* Guide du self-defense, Le, Louis Arpin
* Guide de survie de l'armée américaine, Le
Guide du trappeur, Paul Provencher
Initiation à la plongée sous-marine, René Goblot

* **J'apprends à nager,** Régent LaCoursière
* **Jogging, Le,** Richard Chevalier
  Jouez gagnant au golf, Luc Brien, Jacques Barrette
* **Jouons ensemble,** P. Provost, M.J. Villeneuve
* **Karaté, Le,** André Gilbert
* **Karaté Sankukai, Le,** Yoshinao Nanbu
  Larry Robinson, le jeu défensif au hockey, Larry Robinson
  Lutte olympique, La, Marcel Sauvé, Ronald Ricci
* **Marathon pour tous, Le,** P. Anctil, D. Bégin, P. Montuoro
  Marche, La, Jean-François Pronovost
  Maurice Richard, l'idole d'un peuple, Jean-Marie Pellerin
* **Médecine sportive, La,** M. Hoffman et Dr G. Mirkin
  Mon coup de patin, le secret du hockey, John Wild
* **Musculation pour tous, La,** Serge Laferrière
  Nadia, Denis Brodeur et Benoît Aubin
  Natation de compétition, La, Régent LaCoursière
  Navigation de plaisance au Québec, La, R. Desjardins et A. Ledoux
  Mes observations sur les insectes, Paul Provencher
  Mes observations sur les mammifères, Paul Provencher
  Mes observations sur les oiseaux, Paul Provencher
  Mes observations sur les poissons, Paul Provencher
  Passes au hockey, Les, Chapleau-Frigon-Marcotte
  Parachutisme, Le, Claude Bédard
  Pêche à la mouche, La, Serge Marleau
  Pêche au Québec, La, Michel Chamberland
  Pistes de ski de fond au Québec, Les, C. Veilleux et B. Prévost
  Planche à voile, La, P. Maillefer
* **Pour mieux jouer, 5 minutes de réchauffement,** Yves Bergeron

* **Programme XBX de l'aviation royale du Canada**
  Puissance au centre, Jean Béliveau, Hugh Hood
  Racquetball, Le, Jean Corbeil
  Racquetball plus, Jean Corbeil
* * **Randonnée pédestre, La,** Jean-François Pronovost
  Raquette, La, William Osgood et Leslie Hurley
  Règles du golf, Les, Yves Bergeron
  Rivières et lacs canotables du Québec, F.Q.C.C.
* **S'améliorer au tennis,** Richard Chevalier
  Secrets du baseball, Les, C. Raymond et J. Doucet
  Ski nautique, Le, G. Athans Jr et A. Ward
* **Ski de randonnée, Le,** J. Corbeil, P. Anctil, D. Bégin
  Soccer, Le, George Schwartz
* **Squash, Le,** Jean Corbeil
  Squash, Le, Jim Rowland
  Stratégie au hockey, La, John Meagher
  Surhommes du sport, Les, Maurice Desjardins
  Techniques du billard, Pierre Morin
* **Techniques du golf,** Luc Brien, Jacques Barrette
  Techniques du hockey en U.R.S.S., André Ruel et Guy Dyotte
* **Techniques du tennis,** Ellwanger
* **Tennis, Le,** Denis Roch
  Terry Fox, le marathon de l'espoir, J. Brown et G. Harvey
  Tous les secrets de la chasse, Michel Chamberland
  Troisième retrait, Le, C. Raymond, M. Gaudette
  Vivre en forêt, Paul Provencher
  Vivre en plein air, camping-caravaning, Pierre Gingras
  Voie du guerrier, La, Massimo N. di Villadorata
  Voile, La, Nick Kebedgy

Imprimé au Canada/Printed in Canada